소피의 세계 2

소피의 세계 2

초판	1쇄 발행	1994년 12월 25일
초판	40쇄 발행	2014년 8월 30일
개정판	1쇄 발행	2015년 12월 23일
개정판	6쇄 발행	2023년 3월 10일

지은이　요슈타인 가아더
옮긴이　장영은
감수　김상봉
펴낸이　조미현

편집주간　김현림
일러스트　윤예지
디자인　나윤영 · 유보람

펴낸곳　(주)현암사
등록　1951년 12월 24일 제10-126호
주소　04029 서울시 마포구 동교로12안길 35
전화　02-365-5051
팩스　02-313-2729
전자우편　editor@hyeonamsa.com
홈페이지　www.hyeonamsa.com

Sofies verden by Jostein Gaarder

○ 이 책의 한국어 출판권은 DRT International을 통한 저자와의 독점 계약으로 (주)현암사에 있습니다. 저작권법에 의해 한국 내에서 무단 전재나 복제를 금합니다.
○ 이 도서의 국립중앙도서관 출판시도서목록(CIP)은 서지정보유통지원시스템 홈페이지 (http://seoji.nl.go.kr)와 국가자료종합목록시스템(http://www.nl.go.kr/kolisnet)에서 이용하실 수 있습니다. (CIP제어번호 2015033556)

○ 책값은 뒤표지에 있습니다. 잘못된 책은 바꾸어 드립니다.

ISBN　978-89-323-1764-9 04160
ISBN　978-89-323-1762-5 04160 (세트)

소설로 읽는 철학

소피의 세계

2

요슈타인 가아더

장영은 옮김

현암사

지난 3,000년을

설명할 수 없는 이는

하루하루를 어둠 속에서

아무것도 모르는 채 살아가게 되리라.

－괴테

차례

1부

2부

3부

2부

중세

⋯⋯ 길을 어느 정도 되돌아간다는 것은 방황하는 것과는 다르다 ⋯⋯

소피는 알베르토 크녹스 선생님에게서 소식을 듣지 못한 채 일주일을 보냈다. 레바논에서도 더 이상 엽서가 오지 않았지만, 소피와 요룬은 계속 소령의 오두막에서 발견한 엽서에 관해 이야기했다. 요룬은 처음엔 무서워서 어쩔 줄 몰라 했지만 더 이상 아무 일도 일어나지 않자 곧 두려움은 사라졌고, 관심사를 숙제와 배드민턴으로 옮겼다.

소피는 힐데에 관해 설명할 수 있을 만한 힌트를 찾기 위해 크녹스 선생님의 편지를 여러 번 읽었다. 덕분에 소피는 고대 철학에 상당히 빠져들게 되었다. 이제 데모크리토스와 소크라테스, 플라톤과 아리스토텔레스를 구분하는 일이 더 이상 어렵지 않았다.

5월 25일 금요일, 소피는 엄마가 돌아오기 전에 가스레인지 앞에서 저녁을 준비했다. 그건 엄마와의 일상적인 약속이었다. 소피는 완자와 당근을 넣은 생선 수프를 만들었다. 아주 간단했다.

밖에는 바람이 불고 있다. 소피는 냄비를 저으면서 몸을 돌려 창밖을 내다보았다. 자작나무가 벼 이삭처럼 흔들렸다.

갑자기 무언가가 유리창에 부딪쳤다. 소피는 이리저리 살피다가 창문에 끼어 있는 종이 한 장을 발견했다.

창문으로 다가가 자세히 보니 엽서였다. 창유리를 통해 '소피 아문센 댁의 힐데 묄레르 크나그에게……'라는 글자가 보였다.

소피는 한참 생각하다가 창문을 열고 엽서를 가져왔다. 설마 이 엽서가 레바논에서 그 먼 길을 날아온 건 아니겠지?

이 엽서에도 '6월 15일 금요일'이라는 날짜가 적혀 있었다.

소피는 가스레인지에서 냄비를 내리고 식탁에 앉아 엽서를 읽었다.

사랑하는 힐데야! 네가 이 엽서를 생일 전에 받을 수 있을지 모르겠구나. 그랬으면 좋겠지만, 아니더라도 너무 늦지는 않았으면 좋겠어. 소피가 흘려보내는 1~2주는 우리와 똑같은 시간이 아니야. 나는 6월 23일에 집에 도착할 거야. 그때 우리는 그네에 앉아서 함께 호수를 바라볼 수 있겠지. 우리는 서로 할 얘기가 무척 많을 거야. 가끔 유대교·기독교·이슬람교도들이 수천 년 동안 서로 싸운 일을 생각하며 우울해지곤 해. 나는 그 세 종교의 뿌리가 모두 아브라함에 있다는 사실을 늘 다시 떠올리곤 한단다. 그럼 그들 모두 같은 하느님께 기도를 드리는 게 아닐까? 그런데도 여기서는 사람들이 카인과 아벨처럼 서로 죽고 죽이는 싸움이 그치지 않고 있단다.

추신 : 소피에게 안부를 전해주겠니? 가엾은 소피는 모든 일이 어떻게 얽혀 있는지 아직도 모르고 있어. 하지만 너는 알고 있겠지?

소피는 기운이 쭉 빠져서 탁자에 엎드렸다. 어쨌든 소피가 모든 일이 어떻게 얽혀 있는지 잘 모르는 것은 분명하다. 그런데 힐데는 알고 있다니?

힐데의 아빠가 힐데를 통해 소피에게 안부를 전하도록 부탁한 것은 소피가 힐데에 대해 아는 것보다 힐데가 소피에 대해 더 많이 알고 있기 때문일 것이다. 생각하면 할수록 복잡해져서 소피는 그냥 다시 수프 냄비 쪽으로 몸을 돌려버렸다.

저절로 날아와 부엌 창문을 때린 엽서는 말 그대로 항공 우편이었다.

소피가 냄비를 다시 가스레인지에 올리자마자 전화벨이 울렸다.

아빠일까? 아빠가 집에 돌아오면 지난주에 겪은 일을 하나도 빠짐없이 이야기할 참이다. 그런데 아마도 요룬이나 엄마겠지……. 소피는 전화기 쪽으로 달려갔다.

"소피 아문센입니다."

"나야."

수화기 저편에서 목소리가 들렸다.

소피는 세 가지를 확신했다. 아빠가 아닌 어떤 남자의 목소리였다. 그리고 분명히 언젠가 들어본 적이 있는 목소리였다.

"누구세요?"

소피가 물었다.

"크녹스 선생님이야."

"아……."

소피는 뭐라고 대답해야 할지 망설였다. 아테네에서 온 비디오테이프에서 들은 적 있는 목소리였다.

"잘 지내고 있니?"

"네, 잘 있어요⋯⋯."

"그런데 아마 지금부터 편지를 받지 못할 거야."

"하지만 개구리를 한 번도 못 잡아봤는데요!"

"이제는 만나서 얘기하자. 서둘러야 해, 알겠지?"

"도대체 왜요?"

"우린 지금 힐데의 아빠에게 포위당하고 있어."

"포위당하다니, 어떻게요?"

"사방에서. 우리는 지금 힘을 모아야 해."

"어떻게요⋯⋯?"

"안타깝지만 중세 이야기를 한 뒤에야 네가 나를 도울 수 있어. 그리고 르네상스와 17세기 이야기도 해야 해. 그리고 버클리도 중요한 역할을 할 거야."

"소령의 오두막 안에 버클리 그림이 걸려 있지 않았나요?"

"맞아. 아마도 싸움에 버클리 철학을 끌어들이려는 것 같아."

"꼭 전쟁 이야기처럼 들리는데요?"

"정신적 투쟁이라고 부르는 편이 더 좋겠구나. 우리는 힐데의 주의를 끌어서 그 애 아버지가 릴레산으로 돌아오기 전에, 힐데를 우리 편으로 만들어야 해."

"무슨 말인지 모르겠어요."

"철학자들이 네 눈을 뜨게 해줄 거야. 내일 새벽 4시에 성모 마리아 교회에서 만나자. 혼자 와야 해. 알겠지?"

"한밤중에 오라고요?"

'······ 뚝.'

"여보세요?"

이럴 수가! 벌써 선생님이 전화를 끊어버렸다. 소피는 다시 가스레인
지로 달려갔다. 수프는 끓어 넘치기 직전이었다. 소피는 생선 완자와 당
근을 국자로 저으며 가스 불을 낮추었다.

성모 마리아 교회에서? 중세 때 돌로 지어진 그 오래된 교회? 음악회
나 아주 특별한 기도 모임이 열릴 때만 쓰인다고 생각했는데. 여름철엔
종종 관광객을 위해 개방하기도 했다. 그런데 한밤중이라면 문이 잠겨
있지 않을까?

엄마가 집으로 돌아왔을 때, 소피는 레바논에서 온 엽서를 선생님과
힐데의 다른 엽서들과 함께 옷장 속에 넣었다. 소피는 저녁을 먹고 요룬
에게 갔다.

"너랑 특별한 약속을 하나 해야겠어."

요룬이 방문을 열자마자 괴짜 소피가 말했다. 그러고는 요룬이 방문
을 닫을 때까지 아무 말도 하지 않았다.

"아주 쉬운 일은 아니야······."

소피가 덧붙였다.

"어서 말해봐."

"우리 엄마한테 오늘 너희 집에서 잘 거라고 말씀드릴 거야."

"좋지!"

"근데 그렇게 얘기하고 난 다른 곳에 갈 거야."

"이런! 남자 친구랑 있으려고?"

"그게 아니라, 힐데랑 관계있는 일이야."

요룬이 나지막이 휘파람을 불었다.

하지만 소피는 눈도 깜박하지 않았다.

"오늘 저녁에 여기로 올게. 근데 3시쯤엔 몰래 빠져나갈 거야. 다시 돌아올 때까지 좀 숨겨줘."

"어딜 가려고? 뭘 하려는 건데?"

"미안해. 그래도 절대 얘기해선 안 돼."

요룬의 집에서 자고 오는 것은 아무 문제가 없었다. 반대로 소피는 가끔 엄마가 집에 혼자 있고 싶어 한다는 느낌을 받을 때도 있었다.

"내일 아침 먹을 때까지는 돌아와야 해."

소피가 집을 떠날 때 엄마가 한 유일한 말이었다.

"제가 오지 않아도 어디 있는지 아시잖아요."

왜 그런 대꾸를 했을까? 하지만 이 말이 약점이 될 줄이야!

외박이 대개 그렇듯이, 둘은 밤늦게까지 비밀스러운 얘기를 나누었다. 평소와 다른 점이라면, 이번엔 소피가 새벽 1시쯤 잠자리에 들면서 자명종을 3시 15분에 맞춰놓았다는 것뿐이었다.

두 시간 뒤 소피가 자명종을 껐을 때 요룬도 살짝 잠에서 깼다.

"조심해."

요룬이 당부했다.

소피는 집을 나섰다. 성모 마리아 교회는 요룬의 집에서 몇 킬로미터 떨어진 옛 시가지 외곽에 있었다. 두 시간밖에 못 잤는데도 정신은 말짱했다. 동쪽 언덕에서 빛나는 붉은 기운을 바라보며 부지런히 걸었다.

오래된 옛 석조 건물 앞에 이르렀을 때는 거의 4시쯤이었다. 소피는 거대한 문을 밀어보았다. 문은 열려 있었다!

교회는 오랫동안 늘 그랬듯이 텅 비어 고요했다. 스테인드글라스 창문을 통해 푸르스름한 빛이 새어 들어와, 그 빛줄기를 타고 공기 속의 수없이 많은 먼지를 또렷이 볼 수 있었다. 먼지가 교회 본당을 떠받치고 있는 두꺼운 대들보에 모여드는 것처럼 보였다. 소피는 중앙에 있는 의자에 앉아서 제단에 있는 낡고 색 바랜 십자가상을 뚫어지게 쳐다보았다.

몇 분이 흘렀을까? 갑자기 오르간 소리가 들렸다. 소피는 돌아볼 엄두가 나지 않았다. 아주 오래된 합창곡 같았다. 틀림없이 중세 때 지어진 찬송가일 것이다.

곧 사방이 다시 조용해지더니 등 뒤에서 가까이 다가오는 발자국 소리가 들렸다. 소피는 뒤를 돌아볼까 하다가 십자가 위의 예수를 계속 뚫어지게 바라보았다.

발자국 소리는 점점 더 가까워지더니 소피 곁을 지나갔다. 소피는 한 사람이 교회를 가로질러 걸어가는 것을 보았다. 그 사람은 갈색 수도복을 입고 있었다. 소피는 자기가 지금 중세의 수도사를 보고 있는 듯한 느낌을 받았다.

소피는 두려웠지만 공포로 질릴 정도는 아니었다. 그 수도사는 제단 앞에서 잠시 고개를 숙인 다음 단상으로 올라갔다. 그리고 난간 위로 허리를 굽혀 소피를 내려다보며 라틴어로 말했다.

"Gloria patri et filio et spirito sancto. Sicut erat in principio et nunc et semper in saecula saeculorum."

(영광이 성부와 성자와 성신과 함께. 처음과 같이 이제 항상 영원히. 아멘.)

"우리말로 하세요, 아저씨!"

소피의 목소리가 낡은 석조 교회 안을 울렸다.

소피는 그 수도사가 알베르토 크녹스 선생님이 분명하다고 생각했다. 오래된 교회 안에서 무례하게 말한 것이 후회되기는 했지만 소피는 사실 두려웠고 가끔 사람들은 두려움을 느낄 때 금기를 깨뜨림으로써 위안을 얻기도 한다.

"쉿!"

알베르토 크녹스 선생님은 마치 사제가 성도들에게 앉기를 청할 때처럼 손을 들더니 소피에게 물었다.

"몇 시니, 소피야?"

"4시 5분 전이에요."

이제 두려움이 가신 소피가 대답했다.

"그럼 때가 됐어. 이제 중세가 시작될 거야."

"중세가 4시에 시작되나요?"

소피가 어리둥절해서 물었다.

"그래, 4시쯤이야. 그리고 5시, 6시, 7시가 되었어. 하지만 마치 시간이 멈춘 것 같았지. 다시 8시, 9시가 되고 10시가 되었어. 이때도 여전히 중세였어. 이해할 수 있겠니? 너는 아마 이제 잠에서 깨어날 때라고 생각하겠지. 맞아, 나도 네 생각을 이해해. 하지만 이때는 주말이었어. 단한 번뿐인 긴 주말. 이제 시간은 11시, 낮 12시, 1시가 되었고, 이때가 중세의 전성기였어. 이제 대성당들이 유럽에 세워졌지. 낮 2시가 다 되어서야 처음으로 여기저기서 닭이 울었어. 그제야 비로소 그 오랜 중세가 끝나게 되었지."

"그럼 중세가 10시간이나 걸렸군요."

소피가 말했다.

알베르토 크녹스 선생님은 고개를 젖히고 갈색 수도사 모자 사이로 이 순간의 유일한 학생인 열네 살 소녀를 바라보았다.

"1시간을 100년으로 보면 그렇지. 자정 무렵에 예수가 태어났다고 생각해보자. 사도 바울은 밤 12시 30분 직전에 전도 여행을 시작했고 15분 후에 로마에서 숨을 거두었어. 3시까지 기독교는 탄압을 당했는데, 313년에 비로소 로마 제국 내에서 종교로 인정받았지. 콘스탄티누스 황제 때의 일이야. 이 독실한 황제는 수년 후에야 세례를 받게 되었어. 그리고 380년에 기독교가 전 로마 제국의 국교가 되었지."

"하지만 로마 제국은 망했잖아요."

"맞아. 로마 제국은 이미 퇴락해가고 있었어. 우리는 역사에서 가장 중요한 문화적 전환기 앞에 서 있단다. 4세기에 로마는 한편으로는 북쪽에서 밀어닥치는 이민족들의 위협과 다른 한편으로는 내부적인 붕괴의 위협에 직면했어. 333년에 콘스탄티누스 황제는 로마 제국의 수도를 자신이 흑해 입구에 새로이 건설한 콘스탄티노플로 옮겼지. 이 도시는 이때부터 '제2의 로마'라고 불렸어. 395년에 로마 제국은 동서로 분열되었어. 서로마 제국의 수도는 로마였고, 동로마 제국의 수도는 새로 건설된 콘스탄티노플이었지. 410년에 로마는 이민족들의 습격을 받아 약탈당하고 황폐해졌으며, 476년에는 끝내 서로마 제국 전체가 멸망하고 말았지. 동로마 제국은 1453년 콘스탄티노플이 터키인들의 손에 함락될 때까지 유지됐고."

"그러면 그때 콘스탄티노플의 이름이 이스탄불로 바뀐 건가요?"

"응. 우리가 꼭 알아야 할 또 다른 연대는 529년이야. 플라톤이 아테네에 세웠던 아카데미아가 이해에 문을 닫았지. 그리고 같은 해에 베네딕트 수도회가 창설되었어. 베네딕트 수도회는 최초의 대규모 수도회야. 529년은 어떻게 기독교가 그리스 철학 위를 뒤덮기 시작했는지를 상징하는 해지. 이때부터 수도원은 교습과 명상을 독점하게 되었어. 시계 바늘이 벌써 5시 30분을 지나고 있구나……."

소피는 크녹스 선생님이 말한 시간들이 무슨 뜻인지 이미 알고 있었다. 자정은 서기 원년을 말하고 1시는 서기 100년을, 그리고 6시는 서기 600년이고, 14시는 서기 1400년이다…….

알베르토 크녹스 선생님은 계속 말을 이었다.

"'중세'란 원래 서로 다른 두 시대 사이의 시기를 뜻해. 이 표현은 르네상스 시대에 생겨났어. 르네상스 시대 사람들은 중세를 고대 문화와 르네상스 사이에서 유럽을 뒤덮었던 '천 년의 암흑기'로 여겼지. 지금도 우리는 권위적이고 경직된 것을 가리켜 '중세적'이라고 하지만 중세를 '천 년의 성장기'로 간주하는 사람도 많아. 예를 들면, 중세에 이르러 학교의 기준이 세워졌단다. 그때 이미 첫 번째 수도원 부속학교가 있었어. 12세기에 대성당이 주관하는 학교가 생겨났고, 1200년경에 최초로 대학이 창설되었지. 지금까지도 학문은 중세 때처럼 다양한 학부나 '학과'로 나뉘어 있어."

"그렇지만 천 년은 아주 길잖아요."

"그래도 기독교가 민중들에게 깊이 파고들기까지는 많은 시간이 필요했어. 게다가 중세에는 도시와 성을 세우고 대중음악과 대중문학을 만들어 즐기는 많은 민족국가가 생겨났어. 전래 동화와 민요를 얘기할 때 중세를 빼놓고 생각할 수 있을까? 중세 없는 유럽이 어땠을 거 같니?

로마 제국의 영토였을까? 그렇지만 우리가 중세라고 부르는, 이 끝이 보이지 않는 시간 동안 노르웨이, 영국, 독일과 같은 나라들의 민족적 동질성의 토대가 서서히 세워졌어. 그 심연에서 우리 눈에 쉽게 띄진 않지만 많은 살진 물고기들이 헤엄치고 있었어. 스노리도, 성자 올라프도 모두 중세 사람이었지. 카를 대제(샤를마뉴)도 마찬가지였고. 로미오와 줄리엣, 니벨룽겐, 백설공주나 노르웨이 숲의 트롤들은 말할 필요도 없고 훌륭한 영주들과 정숙한 왕비들, 용맹한 기사와 아름다운 아가씨, 이름 없는 유리 화공과 천재 오르간 제작자에 대한 이야기도 있었어. 수도사와 십자군 기사, 현명한 여인들도 빼놓을 수 없지.”

“신부님 이야기도 아직 안 하셨어요.”

“그랬구나. 10세기 말에 기독교가 노르웨이에 퍼졌지만, 노르웨이가 스티클레스타드 전투 이후에 기독교 국가가 되었다는 주장은 과장이야. 표면상으로는 기독교 국가였지만, 오랜 이교적 관념이 살아 있었고 기독교가 들어오기 이전의 문화적 요소들이 기독교적 관습과 섞이게 되었지. 예를 들어 노르웨이 성탄 축제에도 기독교와 고대 북유럽의 관습이 한데 어우러져 있어. 부부가 나이를 먹으면서 서로 닮아가는 것처럼. 그래도 중요한 건 기독교가 결국 유일한 지배적 세계관이 되었다는 사실이야. 이제 ‘기독교 통합 문화’에 대해서도 이야기해보자.”

“그러니까 중세가 어둡고 슬프지만은 않았군요?”

“서기 400년 이후 100년 동안은 실제로 문화적인 하향세를 겪었어. 로마 시대에 공공 하수도와 공중목욕탕, 그리고 공공 도서관을 갖춘 대도시들로 ‘문화의 전성기’를 맞았지. 특히 건축 분야가 탁월했어. 그러다가 중세 초기에 문화가 전반적으로 쇠락하기 시작해. 경제와 무역도

쇠퇴해서 사람들은 화폐경제에서 물물교환과 현물경제로 되돌아갔지. 이른바 봉건제도가 경제의 이런 현상을 두드러지게 했어. 봉건제도란 장원의 영주가 토지를 소유하고, 농노가 생계유지를 위해 영주의 토지를 경작하는 걸 의미해. 이 중세 초기에 인구가 급격히 줄어들게 되지. 인구가 10만 명 단위였던 로마가 700년경에는 불과 인구 4만 명 정도의 소도시로 전락했어. 얼마 안 남은 주민들은 전성기의 빛을 잃고 이제는 흔적만 남은 옛 건물 사이를 떠돌았어. 집을 지을 건축자재가 필요하면 옛 건물들의 폐허에서 얼마든지 가져다 쓸 수가 있었어. 지금 고고학자들은 중세 사람들이 오래된 기념비적 건물들의 잔해를 그냥 내버려두었어야 했다고 화를 내지만 말이야."

"그 이후로 사람들은 점점 더 똑똑해졌으니까요."

"로마의 정치적 위세는 4세기 말에 끝났어. 그러나 곧 로마의 주교가 전체 로마 가톨릭 교회의 수장, 즉 교황이 되었어. 교황은 모든 기독교인들의 '아버지'이자 땅 위에서 예수를 대변하는 사람으로 여겨졌지. 이렇게 해서 로마는 중세 대부분 동안 교회의 수도가 되었어. '로마 교회에 반대하는 사람'은 그리 많지 않았어. 하지만 새로운 민족 국가의 왕과 영주들이 점차 강력해지면서 교회의 권력에 과감히 대항하기도 했단다."

소피는 이 똑똑한 수도사를 바라보았다.

"선생님은 교회가 아테네에 있던 플라톤의 아카데미아를 폐쇄했다고 말씀하셨는데 이후로 그리스의 철학자들은 모두 잊었나요?"

"부분적으로는 그랬지. 어떤 곳에서는 아리스토텔레스와 플라톤의 저서들이 알려져 있기도 했거든. 그러나 고대 로마 제국은 차차 서로 다른 세 문화권으로 나뉘었어. 서유럽에 라틴어를 쓰는 기독교 문화권이 로마를 수도로 해 생겨나고, 동유럽에선 그리스어를 사용하며 콘스탄티노플을 수도로 하는 그리스 정교 문화권이 자리 잡았지. 그래서 우리가 '로마 가톨릭의 중세'와 구별해서 '비잔틴의 중세'란 말을 쓰는 거야. 반면에 로마 제국에 속했던 북아프리카와 중동 지역은 중세에 아랍어를 쓰는 이슬람교 문화권으로 발전했어. 632년 마호메트가 죽은 뒤에는 중동 지방과 북아프리카 지역은 이슬람화되었단다. 곧이어 스페인도 이슬람교 문화권에 들어갔지. 이슬람교는 메카, 예루살렘, 메디나, 바그다드를 성지로 삼았어. 문화사적 관점에서 아랍인들이 고대 헬레니즘의 도시인 알렉산드리아를 점령했다는 점이 중요해. 이로 인해 그들은 그리스 학문의 대부분을 물려받았어. 중세 전반에 걸쳐 아랍인들은 수학, 화학, 천문학, 의학과 같은 학문을 이끌어나가는 주도적인 역할을 담당했지. 그래서 우리는 지금도 '아라비아 숫자'를 사용하고 있지. 몇몇 분야에서는 아랍 문화가 기독교 문화를 훨씬 능가했어."

"저는 그리스 철학이 어떻게 되었는지 알고 싶었어요."

"강 하나가 세 개의 다른 지류로 나뉘었다가, 다시 큰 물줄기로 합쳐지는 것을 상상해봐."

"네, 머릿속에 그려져요."

"그럼 그리스·로마 문화가 부분적으로는 서쪽의 로마 가톨릭 문화와 동로마 문화 그리고 남쪽으로는 아랍 문화를 통해 각기 달리 전승된 것도 이해할 수 있을 거야. 우리가 지나치게 단순화하는 경향은 있지만, 신플라톤주의는 서유럽에서, 플라톤은 동유럽에서, 그리고 아리스토텔레스는 남쪽의 아랍인들을 통해 전승되었다고 말할 수 있어. 중요한 건 중세 말엽에 북이탈리아에서 이 세 지류가 거대한 하나의 물줄기로 합류하게 되었다는 거야. 아랍인들은 스페인에 아랍 문화가 유입되는 데에 이바지했고 그리스와 비잔틴 제국은 그리스 문화의 영향 아래 있었지. 그리고 르네상스 시대가 막을 열었어. 이제 고대 문화가 '재탄생'한 거야. 그러니까 어떤 의미로는 고대 문화가 그 긴 중세 시대에 줄곧 살아남아 있었던 거지."

"그렇군요."

"하지만 이야기의 진행 과정을 미리 짐작해서는 안 돼. 우선 중세의 철학에 관해 조금씩 얘기해보도록 하자. 이제부턴 설교단 위에서 이야기하지 않고 내가 아래로 내려갈게."

간밤에 몇 시간밖에 못 잔 소피는 두 눈이 감기려 했다. 이 이상한 수도사가 성모 마리아 교회의 설교단 위에서 아래로 내려오는 모습을 보고 있자니 그 모습이 마치 꿈 같았다.

그는 제단 난간으로 발길을 옮겨 먼저 오래된 십자가상이 있는 제단을 올려다보았다. 그러고는 소피 쪽으로 몸을 돌려 천천히 다가와서 소피의 옆자리에 앉았다.

수도사가 이렇게 자신과 가까이 앉아 있는 게 이상했다. 소피는 수도복에 달린 모자 아래에서 갈색의 두 눈동자를 보았다. 뾰족하게 수염을 기른 중년 남자였다.

'당신은 누구신데 불쑥 내 삶에 나타난 거죠?'

소피의 생각을 읽기라도 한 것처럼 수도사는 말했다.

"앞으로 우리는 서로를 더 잘 알게 될 거야."

형형색색의 스테인드글라스를 뚫고 교회 안으로 스며들어 온 빛은 시간이 흐를수록 점차 또렷해졌다. 이윽고 알베르토 크녹스 선생님은 중세 철학 이야기를 꺼냈다.

"중세 철학자들은 기독교가 진리라는 사실을 거의 기정사실로 받아들였단다. 문제는 기독교의 계시를 '무조건' 믿어야 하는지, 아니면 이성적 사유도 기독교적 진리에 접근하는 데 도움이 될 것인지였어. 또 그리스 철학과 성서의 관계는 어떨까? 성서와 이성 사이에 모순은 없을까? 믿음과 인식은 서로 일치할까? 중세 철학의 거의 대부분은 이런 문제를 맴돌고 있었단다."

소피는 고개를 끄덕였다. 믿음과 인식에 관한 문제는 종교 시험 시간에 이미 답했던 것이다.

"이런 문제를 중세의 가장 중요한 두 철학자가 어떻게 생각했는지 살펴보자. 자, 그럼 354년에서 430년까지 산 철학자 아우구스티누스 얘기부터 시작할게. 우리는 이 철학자의 삶을 통해 후기 고대에서 초기 중세로 변해가는 과정을 살펴볼 수 있어. 아우구스티누스는 북아프리카에 있는 작은 도시 타가스테에서 태어나 열여섯 살 때 카르타고로 가서 공부했어. 그 뒤 로마와 밀라노를 방문했고 카르타고에서 서쪽으로 약 30~40킬로미터 떨어진 히포라는 곳에서 주교로 재직하며 말년을 보냈지. 그러나 아우구스티누스가 처음부터 기독교인이었던 것은 아니야. 그래서 기독교인이 되기 전에 여러 가지 종교와 철학을 경험했어."

"예를 들어주세요!"

"아우구스티누스는 한동안 마니교도였는데, 마니교는 고대 후기의 아주 전형적인 종파야. 그들은 종교와 철학이 반씩 섞인 구원의 교의를 퍼뜨렸어. 그들은 세계를 선과 악, 빛과 어둠, 정신과 물질이라는 대립된

원리로 나누었어. 인간은 정신의 힘을 통해 물질세계로부터 끌어올려질 수 있고 이를 통해 영혼을 구원하기 위한 바탕을 마련할 수 있어. 그러나 아우구스티누스는 선과 악의 날카로운 구분을 받아들이지 못했어. 청년 아우구스티누스는 악은 도대체 어디서 오느냐는 문제에 강렬하게 사로잡혀 있었으니까. 그는 한동안 스토아 철학의 영향을 받기도 했는데, 스토아 학자들은 선과 악을 분명하게 구분하는 것에 반대했거든. 그러나 아우구스티누스는 무엇보다도 후기 고대 문화에서 두 번째로 중요한 철학적 흐름인 신플라톤학파의 영향을 가장 강하게 받았어. 여기서 그는 '모든 존재는 신적인 본성을 갖고 있다'는 생각을 접하게 되었지."

"그리고 그는 신플라톤학파의 주교가 되었나요?"

"그래, 그렇게 표현할 수도 있겠구나. 먼저 기독교도가 되긴 했지만, 아우구스티누스의 기독교 사상은 플라톤 철학에서 많은 영향을 받았어. 그러니까 우리가 중세의 기독교에 발을 들여놓는다고 해서 그리스의 철학과 극단적으로 단절하게 되는 건 아니란다! 그리스 철학에서 비롯된 많은 것들을 아우구스티누스와 같은 교부가 새로이 중세 시대로 가져왔기 때문이지."

"아우구스티누스가 50퍼센트는 기독교도고, 50퍼센트는 신플라톤주의자란 말씀이신가요?"

"그 자신은 순전히 100퍼센트 기독교도라고 말했겠지. 그러나 그는 기독교와 플라톤 철학 사이에 아무런 모순도 없다고 생각했어. 그에게는 플라톤 철학과 기독교 교리 사이의 일치점이 너무도 분명해서, 혹시 플라톤이 구약 성서의 일부라도 알고 있었던 것은 아닌가 했을 정도였지. 그것은 굉장히 의심스러운 일이야. 오히려 우리는 아우구스티누스가 플라톤을 '기독교도화했다'고 볼 수 있어."

"어쨌든 그는 기독교도가 되고 난 뒤에도 철학과 관계된 것을 모두 팽개친 것은 아니었군요!"

"그렇지만 그는 이성이 종교 문제에 미칠 수 있는 한계가 존재한다는 것을 지적했단다. 기독교는 우리가 믿음을 통해서만 가까이 다가갈 수 있는 신성한 신비이기도 해. 그렇지만 우리가 믿음을 가질 때, 하느님은 우리 영혼을 '밝히고', 우린 하느님에 대한 일종의 초자연적 인식을 얻게 되지. 아우구스티누스는 철학이 삶의 모든 문제에 완벽한 대답을 줄 수 없다는 것을 직접 체험했어. 그는 기독교도가 되고 나서야 영혼의 안식을 찾았지. 그리고 그는 '주님 안에서 평안을 찾기까지 우리의 영혼은 불안하다'고 말했어."

"플라톤의 이데아론이 기독교와 어떻게 하나가 될 수 있는지 전혀 모르겠어요. 영원한 이데아는 어떻게 되는 거죠?"

"아우구스티누스는 하느님이 무에서 세계를 창조했다고 설명했고, 그건 성서에 나와 있는 생각이야. 반면에 그리스인들은 세계가 이미 언제나 존재해왔다는 생각에 더 기울었지. 그렇지만 아우구스티누스는 하느님이 세계를 창조했고, '이데아'란 하느님의 생각 안에 존재하는 것이라고 생각했단다. 그는 영원한 이데아를 하느님에게 귀속시켰고, 이를 통해 영원한 이데아라는 플라톤적 관념을 구해낸 거야."

"정말 똑똑하군요!"

"그것은 아우구스티누스와 다른 교부들이 그리스와 유대의 사상을 일치시키려고 얼마나 열심히 노력했는지도 나타내고 있어. 어떤 관점에서 그들은 다른 두 문화의 시민이었어. 악을 바라보는 아우구스티누스의 관점도 역시 신플라톤주의를 기반으로 한단다. 그는 플로티노스와 마찬가지로 악을 신의 '부재(不在)'에 기인하는 것이라 생각했어. 악은 어떠한 자립적 존재가 아닌, 존재하지 않는 어떤 것이야. 왜냐하면 하느님의 창조물은 모두 선하기 때문이야. 그는 악은 인간이 순종하지 않는 데서 생긴다고 했어. 또 '선한 의지'는 '신의 역사(役事)'이며, '악한 의지'는 '신의 역사에서 이탈하는 것'이라고 말한 적도 있지."

"아우구스티누스도 인간이 불멸의 영혼을 지녔다고 믿었나요?"

"글쎄. 아우구스티누스는 신과 세계 사이에 건널 수 없는 심연이 있다고 했어. 이건 성서의 말씀에 확고히 기반을 두면서, 만물은 하나라는 플로티노스의 학설을 부인하는 것이지. 그러나 아우구스티누스도 인간이 정신적 존재라는 점을 강조했단다. 인간은 좀과 녹이 먹어치워 버리는 물리적 세계에 속한 몸을 지녔지만, 신을 인식할 수 있는 영혼도 있다는 거야."

"우리가 죽으면 영혼은 어떻게 되나요?"

"아우구스티누스에 따르면 모든 인류는 원죄 이후 신의 저주를 받았어. 그렇지만 하느님은 몇몇 인간을 영원한 저주에서 구원하려고 결심하셨단다."

"아무도 저주받지 않도록 결심할 수도 있었을 텐데요."

"바로 그 점에 대해 아우구스티누스는 인간에게는 하느님을 비판할 수 있는 권리가 없다고 주장했어. 이때 사도 바울이 로마 사람들에게 보낸 편지를 인용했단다. '사람이 무엇이기에 감히 하느님께 따지고 드는 것입니까? 만들어진 물건이 물건을 만든 사람에게 왜 나를 이렇게 만들었느냐 말할 수 있겠습니까? 옹기장이가 같은 진흙덩이를 가지고 하나는 귀하게 쓸 그릇을 만들고 하나는 천하게 쓸 그릇을 만들어낼 권리가 없겠습니까?'(로마서 9장 20~21절)"

"그러면 하느님은 하늘에 앉아 인간을 가지고 노시는 건가요? 하느님이 친히 지으신 것 중에서 마음에 들지 않는 것은 당장 던져버리시고요?"

"아우구스티누스에 따르면, 중요한 것은 어떤 인간도 하느님의 구원을 받을 만한 가치가 있는 것은 아니란 사실이야. 그런데도 하느님은 저주에서 구원받을 몇 사람을 선택하셨지. 그에겐 누가 구원받고 누가 저주받았는지는 비밀이 아니야. 그것은 미리 결정되어 있어. 그러니까 우리는 하느님의 손에 쥐어진 찰흙이니 전적으로 그분의 은총에 매여 있지."

"그럼 아우구스티누스는 옛사람들처럼 운명을 믿었군요."

"네 말이 맞는지도 몰라. 하지만 그렇다고 아우구스티누스는 우리 자신의 삶에 대해 각자 짊어져야 할 책임을 면제해주지도 않았어. 그는 살면서 자신이 선택받은 사람에 속한다는 것을 자연스럽게 확인할 수 있을 만큼 선한 삶을 살아야 한다고 충고했지. 그래서 그는 인간의 자유의지를 부인하지 않았어. 하지만 우리가 어떻게 살 것인지는 오직 하느님만이 미리 '볼' 수 있는 거야."

"그건 좀 불공평하지 않아요? 소크라테스는 모든 인간이 똑같이 이성을 갖고 있으니까 똑같은 가능성을 갖는다고 했는데, 아우구스티누스는 구원받을 인간이 미리 정해져 있다고 하잖아요."

"그래, 아우구스티누스의 신학은 아테네의 인본주의와는 다르지만 인간을 두 범주로 나눈 것은 아우구스티누스가 아니고 저주와 구원에 대한 성서의 얘기를 따른 거야. 그의 저서 『하느님의 나라(신국론)』를 보면 더 정확히 알 수 있지."

"이야기해주세요!"

"'하느님의 나라'와 '하느님의 왕국'이라는 표현은 성서와 예수의 말씀에서 비롯되었단다. 아우구스티누스는 역사를 '하느님의 나라'와 '현세의 국가' 또는 '세계의 국가'가 싸우는 과정으로 이해했어. 두 나라는 정확하게 분리된 정치적 국가는 아니야. 그들은 각 개인 속에서 권력을 놓고 다투지. 하지만 대체적으로 교회에서 하느님의 나라는 다소 분명한 형태로 존재하고 현세 국가는 정치적인 국가의 설립으로 존재하는데, 아우구스티누스가 살아 있을 때 붕괴되기 시작한 로마 제국을 예로 들 수 있지. 이런 역사관은 중세 전체에 걸쳐 교회와 국가가 권력을 놓고 싸우는 과정에서 점점 더 분명해졌어. 그리고 이제 '교회 밖에는 어떤 구원도 없다'는 말이 생겨났지. 급기야 아우구스티누스의 하느님의 나라가 조직적으로 교회와 동일시되기에 이르렀어. 16세기 종교개혁을 통해서야 하느님의 은총을 받기 위해서는 반드시 교회에 가야 한다는 주장에 대해 사람들이 처음으로 저항하기 시작했어."

"때가 왔군요."

"우린 아우구스티누스가 역사를 철학의 영역에 끌어들인 최초의 철학자라는 점도 기억해야 해. 선과 악의 투쟁을 가정한 것 자체는 새로운 일이 아니지만 아우구스티누스 철학의 새로운 점은 이러한 투쟁이 역사 속에서 전개된다고 본 거야. 이런 점에서는 아우구스티누스의 사유에 플라톤주의가 그리 많이 눈에 띄지는 않아. 대신에 그는 구약 성서에서 볼 수 있는 직선적 역사관에 굳건한 바탕을 두고 있지. 아우구스티누스는 하느님이 '하느님의 나라'를 세우는 과정을 총체적인 역사라고 했어. 곧 역사는 인간을 교육하고 악을 파괴하는 과정이라는 거야. 아우구스티누스는 사람이 태어나서 성장하고 늙어 죽는 과정을 밟듯이 하느님의 섭리는 창세기에서 우주의 종말에 이르는 역사를 주관한다고 말했어."

소피는 시계를 보았다.

"벌써 8시예요. 가야겠어요."

"하지만 이제 중세에서 두 번째로 위대한 철학자 이야기를 할 거야. 밖으로 나가서 시작할까?"

알베르토 크녹스 선생님은 자리에서 일어나 두 손을 모으고 중앙 통로를 걸어 나갔다. 그는 기도하는 것처럼 보이기도 하고 종교적 진리에 대해 깊이 생각하는 것처럼 보이기도 했다. 소피는 그를 따라갔다. 다른 선택의 여지가 없었다.

밖에는 엷은 안개가 땅을 뒤덮고 있었다. 이미 몇 시간 전에 해가 뜨긴 했지만 아침 안개를 다 걷어내지는 못했다. 크녹스 선생님이 교회 앞 벤치에 앉았다. 성모 마리아 교회는 옛 시가지의 가장자리에 있었다. 소피는 만약 지금 누군가가 이 앞을 지나간다면 어떻게 될까 잠시 생각해보았다. 아침 8시에 야외 벤치에 앉아 있는 것부터가 아주 이상한 일인데, 중세에서 온 수도사와 같이 있다고 해서 더 나은 것은 분명 아니었다.

"8시구나. 아우구스티누스 이후로 약 400년이 흘렀어. 이제부터 기나긴 수업이 시작되지. 10시까지 수도원 학교들이 교육을 독점했어. 10시에서 11시 사이에 처음으로 성당 부속 학교가 세워졌고, 12시쯤에 최초로 대학이 창립되었지. 게다가 이때부터 거대한 성당들이 많이 건축되기 시작했어. 여기 이 성모 마리아 교회도 12시쯤, 그러니까 중세의 전성기 때 지어진 거야. 이 도시 사람들은 그보다 더 큰 교회를 지을 수 있는 능력이 없었단다."

"지을 필요도 없었겠죠. 텅 빈 교회는 끔찍하니까요."

"많은 사람이 한꺼번에 모여 예배를 드리기 위해서만 큰 성당이 세워진 것은 아니야. 성당들은 하느님의 영광을 위해 세워졌기 때문에, 성당을 건축한 것 자체가 일종의 예배 의식이었지. 이 중세 전성기에 우리 같은 철학자의 관심을 끌 만한 일이 하나 생겼지."

"이야기해주세요!"

"당시 스페인에는 아랍인들의 영향력이 컸어. 아랍인은 중세 전반에 걸쳐 아리스토텔레스적 전통을 보존했어. 그런데 1200년경 아랍의 학자들이 영주들의 초청을 받아 북이탈리아에 오게 되었어. 이렇게 해서 아리스토텔레스의 많은 책들도 같이 알려지게 되었고, 후에는 그리스어와 아랍어를 라틴어로 번역하기에 이르렀지. 그리고 이건 자연과학적 문제들에 대한 새로운 관심을 불러일으키는 계기가 되었어. 더불어 기독교의 계시와 그리스 철학 사이의 관계에 대한 물음도 새롭게 제기되었고. 자연과학적 문제들에 관해서는 더 이상 아리스토텔레스를 무시할 수 없게 되었지. 하지만 언제 우리는 그 '철학자'의 말에 귀 기울여야 하고 어떤 경우에 성서를 신봉해야 할까? 듣고 있지?"

소피는 짧게 고개를 끄덕였고, 수도사는 이야기를 계속했다.

"중세 전성기의 가장 위대하고 중요한 철학자는 토마스 아퀴나스야. 그는 1225년에서 1274년까지 살았던 사람이야. 로마와 나폴리 사이에 있는 작은 도시 아퀴노에서 태어났고, 파리에서 대학 강사로 일했지. 그를 내가 '철학자'라고 불렀지만 신학자이기도 해. 당시에는 철학과 신학 사이에 구분이 없었거든. 간단히 말하면 아퀴나스는 중세 초기 아우구스티누스가 플라톤을 '기독교도화'했듯이, 아리스토텔레스를 '기독교도화'했다고 할 수 있지."

"예수보다 훨씬 전에 살았던 철학자가 기독교도가 된다는 것은 조금 우스꽝스럽지 않을까요?"

"맞는 말이지만 두 사람이 위대한 그리스 철학자를 '기독교도화'시켰다는 건 더 이상 기독교에 위협이 되지 않는 방식으로 그 두 철학자를 이해하고 해석했다는 것을 뜻해. 그런 면에서 사람들은 아퀴나스가 '황소의 두 뿔을 꽉 잡았다'고들 표현하지."

"철학과 투우가 무슨 관계인지 모르겠는데요."

"아퀴나스는 아리스토텔레스의 철학을 기독교와 결합시키려고 한 철학자 중 하나야. 그가 믿음과 인식 사이에 훌륭한 합일을 이루어냈다고 말할 수 있지. 아퀴나스가 아리스토텔레스의 철학과 그의 개념들을 받아들였기 때문에 이뤄낼 수 있었지."

"두 뿔은요? 지난밤에 잠을 거의 못 자서요. 죄송하지만 좀 더 자세히 말씀해주세요."

"아퀴나스는 철학이나 이성이 우리에게 말하는 것과 기독교의 계시나 믿음이 말해주는 것 사이에 피할 수 없는 모순은 없다고 믿었어. 기독교와 철학은 자주 똑같은 것을 이야기해. 그래서 우리는 이성의 도움을 빌려서 성서적 진리들을 탐구할 수 있지."

"어떻게 그게 가능하죠? 이성이 우리에게 하느님이 엿새 만에 세계를 창조하셨음을 설명할 수 있나요? 또 예수가 하느님의 아들이었다는 것도요?"

"그런 순수한 '신앙적 진리'에는 믿음과 기독교의 계시를 통해서만 다가갈 수 있어. 하지만 아퀴나스는 일종의 '자연 신학적 진리'도 있다고 생각했어. 그것을 기독교의 계시뿐만 아니라 우리가 타고난 '자연적' 이성을 통해서도 얻을 수 있는 진리라고 했지. 예를 들어 하느님이 존재한다는 것이 그런 진리란다. 그래서 그는 신에게 이르는 길이 두 가지라고 믿었어. 하나는 믿음과 계시를 통한 길이고, 또 하나는 이성과 감각을 통한 길이야. 두 길 중에서 믿음과 계시를 통한 길이 더 안전한데, 그 이유는 인간이 단지 이성에만 의지하면 쉽게 혼돈에 빠질 수 있기 때문이야. 그러나 아퀴나스는 기독교의 교리와 아리스토텔레스 철학 사이에 전혀 모순이 없음을 강조했어."

 "그럼 우리는 아리스토텔레스 철학을 성서처럼 믿을 수 있나요?"

 "아니! 아리스토텔레스는 기독교의 교리를 몰랐기 때문에, 앞으로 조금 더 나아간 것뿐이야. 하지만 한 걸음이라도 앞으로 나아가는 것은 방황하는 것과는 다르지. 예를 들어 아테네가 유럽에 있다는 말이 틀린 말은 아니지만 아주 정확한 말도 아니야. 네가 어떤 책에서 아테네가 유럽의 도시라는 것만 알게 되었다면, 너는 다시 지도를 살펴봐야겠지. 그래야 완전한 진리를 경험하게 돼. 아테네는 남동 유럽의 작은 나라인 그리스의 수도야. 운이 좋다면 소크라테스와 플라톤, 아리스토텔레스는 물론이고 아마 아크로폴리스에 대해서도 알 수 있겠지."

 "하지만 아테네가 유럽의 도시라는 맨 처음의 정보도 맞는 말이긴 하잖아요?"

 "바로 그거야! 아퀴나스는 진리는 하나뿐이라는 것을 밝히려고 했어. 이성의 힘으로 올바른 인식에 도달할 수 있다는 아리스토텔레스의 주장이 기독교의 교리와 어긋나는 것은 아니야. 그 진리의 한 부분은 이성과 관찰로 얻을 수 있지. 예를 들어 아리스토텔레스가 식물계와 동물계에 대해 말하는 것이 그런 종류의 진리야. 진리의 또 다른 부분은 성서가 밝혀주지만, 이 둘은 여러 가지 중요한 점에서 서로 겹쳐 있어서 성서와 이성이 똑같이 대답해줄 수 있는 문제도 있지."

"신이 존재한다는 것 말인가요?"

"그렇지. 아리스토텔레스의 철학은 신의 존재 혹은 모든 자연의 변화 과정을 진행하는 최초의 원인이 있어야만 한다는 사실을 전제로 하고 있어. 하지만 신에 대해 더 이상 자세하게 설명하지는 않아. 그래서 우리는 성서와 예수의 말에 의지할 수밖에 없지."

"그래도 하느님이 존재한다는 건 확실한가요?"

"물론 논쟁의 여지가 있지만 지금도 대부분의 사람들이 신이 없다는 사실을 이성으로 증명하기는 어려울 거야. 아퀴나스는 계속 생각을 발전시켜 아리스토텔레스 철학의 이성을 토대로 하느님의 실재를 증명할 수 있다고 믿었지."

"나쁘지 않네요."

"그는 만물이 '최초의 원인'을 가져야만 한다는 사실을 이성을 통해서도 인식할 수 있다고 생각했어. 그러니까 하느님은 성서와 이성을 통해 자신을 계시한 거지. 따라서 신학에도 '계시 신학'과 '자연 신학'이 있는 거야. 이건 도덕의 경우에도 마찬가지야. 우리가 하느님의 뜻에 따라 살아야 한다는 것은 성서를 통해 알 수 있어. 그러나 하느님은 '자연적인' 판단 기준에 따라 옳고 그른 것을 분별할 수 있는 양심을 우리에게 심어주셨지. 따라서 도덕적인 삶에도 '두 가지 길'이 있어. 우리는 성서를 읽지 않아도 다른 사람에게 고통을 주는 것은 나쁘며, 다른 사람에게 대접받고 싶은 대로 다른 사람을 대접해야 한다는 것을 알 수 있어. 하지만 성서의 명령이야말로 궁극적인 '가장 확실한' 판단 기준이야."

"알았어요. 우리가 번개와 천둥소리로 비가 온다는 것을 정확히 알 수 있는 것과 같은 경우군요."

소피가 입을 열었다.

"그래. 우리가 눈이 멀었다고 해도 천둥소리는 들을 수 있지. 또 청각 장애인이어도 비가 내리는 것은 볼 수 있어. 당연히 볼 수도 있고 들을 수도 있으면 가장 좋은 경우겠지. 어쨌든 우리가 보는 것과 듣는 것 사이에 서로 모순이 있는 것은 아니야. 오히려 두 감각이 서로 도와서 인상을 더욱 뚜렷하게 해주지."

"알겠어요."

"다른 비유를 하나 더 들지. 크누트 함순의 『빅토리아』라는 소설을 읽어보면……."

"그 책 읽었는데……."

"크누트 함순이 쓴 소설을 읽었다고 해서, 그 작가에 대해 알게 되는 건 아니지?"

"어쨌든 그 작가가 있다는 건 알 수 있어요."

"더 많이 알 수도 있을까?"

"사랑에 대해 아주 낭만적인 관점을 갖고 있어요."

"네가 함순의 소설, 즉 그의 창조물을 읽으면 함순에 대해서 약간 알게 되지만 작가 개인에 대한 정보는 기대할 수 없어. 작가가 작품을 쓸 당시 몇 살이었고, 어디에 살았으며, 아이를 몇이나 두었는지 알 수 있겠니?"

"물론 모르죠."

"하지만 크누트 함순의 전기는 그런 정보를 주겠지. 그런 전기나 자서전을 읽어야만 작가 개인에 관해 상세히 알 수 있단다."

"네, 맞아요."

"대개 하느님의 창조와 성서 사이의 관계도 그렇단다. 우리가 자연을 두루 살펴보면, 하느님이 계시다는 걸 알 수 있지. 그리고 하느님이 꽃과 동물을 좋아한다는 걸 알 수 있을 거야. 그렇지 않다면 하느님은 그것들을 만들지 않으셨을 테니까. 그러나 하느님에 대한 지식은 하느님의 자서전이라고 할 수 있는 성서를 읽어야 알 수 있어."

"완벽한 예시예요."

"으음……."

처음으로 크녹스 선생님은 깊은 생각에 잠겨 아무 말도 하지 않았다.

"힐데랑 어떤 관계죠?"

소피가 불쑥 말을 꺼냈다.

"나는 힐데라는 아이가 있는지조차도 잘 몰라."

"하지만 우리는 여기저기에서 힐데의 자취를 봤잖아요. 엽서와 실크 스카프, 초록색 작은 지갑, 스타킹 한 짝……."

크녹스 선생님은 고개를 끄덕였다.

"얼마나 많은 흔적을 늘어놓을지는 힐데의 아빠에게 달려 있는 것 같구나. 지금까지 알게 된 건 고작 누군가 엽서를 쓴 사람이 있다는 사실이지. 내 생각엔 힐데 아빠도 자신에 관해 무엇인가 쓰려고 한 것 같아. 그얘기는 차차 다시 하게 될 거야."

"이제 12시예요. 어쨌든 저는 중세가 끝나기 전에 집에 가야겠어요."

"아퀴나스가 교리에 저촉되지 않는 모든 영역에서 아리스토텔레스의 철학을 어떻게 받아들였는지 몇 마디 언급하고 얘기를 끝내기로 하자. 그건 그의 논리학과 인식론 그리고 무엇보다도 자연철학에 모두 해당돼. 한 예로 아리스토텔레스가 식물과 동물 그리고 인간에 이르는 생명의 단계를 어떻게 나누었는지 알고 있지?"

소피는 고개를 끄덕였다.

"이미 아리스토텔레스는 이러한 존재의 위계가 최고의 존재인 신을 암시한다고 생각했어. 이런 사상은 쉽게 기독교 신학에 적용되었지. 아퀴나스는 식물과 동물에서 인간, 인간에서 천사, 천사에서 하느님으로 올라가는 실존의 등급이 있다고 믿었어. 인간에겐 짐승과 마찬가지로 감각기관을 갖춘 육체가 있지만 '깊이 생각하는' 이성도 있어. 천사는 육체도 감각기관도 없지만, 그 대신 직접적이며 직관적 지성을 지녔지. 따라서 천사는 인간처럼 '깊이 생각'하거나 추론을 해야 할 필요도 없어. 천사는 인간이 알 수 있는 모든 것을 알고 있지만, 그 모든 것을 알기 위해 우리 인간처럼 단계적으로 앞을 더듬어나갈 필요가 없는 거야. 천사에겐 육체가 없기 때문에 절대로 죽지도 않아. 하지만 천사도 일찍이 하느님이 만든 것이기 때문에 하느님처럼 영원하지는 않지."

"정말 신기하군요."

"그렇지만 천사 위에는 하느님이 있단다. 하느님은 유일하고 총체적인 통찰을 통해 모든 것을 꿰뚫어 보고 모든 일을 알고 있지."

"그럼 지금도 우릴 보고 계시겠군요."

"아마 보고 계시겠지. 그렇지만 '지금'은 아니란다. 하느님의 시간은 우리 시간과 달라. 우리의 '지금'은 하느님의 '지금'이 아니야. 우리의 일주일이 하느님에게도 일주일은 아니지."

"섬뜩하군요."

불쑥 이런 말이 소피 입에서 터져 나왔다. 소피는 손으로 입을 막았다. 선생님이 소피를 바라보자 소피가 설명을 덧붙였다.

"힐데의 아빠에게 또 엽서를 받았는데 힐데 아빠는 제가 흘려보내는 일주일의 시간이, 힐데에게는 똑같은 시간이 아닐 수 있다고 했어요. 선생님도 하느님에 대해 거의 똑같은 말씀을 하시는군요!"

소피는 순간 갈색 수도복을 입은 선생님의 얼굴이 갑자기 일그러지는 것을 볼 수 있었다.

"그 사람, 부끄러운 줄 알아야 해!"

소피는 크녹스 선생님의 말을 이해하지 못했다. 어쩌면 그것은 그냥 해본 말일 수도 있었다. 선생님은 이야기를 계속했다.

"아퀴나스는 유감스럽게 아리스토텔레스의 여성상을 그대로 전수받았어. 아리스토텔레스가 여성을 일종의 불완전한 남자로 여겼다는 말 기억하지? 그는 아이가 아버지의 특성만을 물려받는다고 믿었어. 여성은 소극적으로 형상을 부여하는 존재이기 때문이라는 거야. 아퀴나스는 그 생각이 여성을 남성의 갈비뼈로 만들었다고 한 성서의 내용과 일치한다고 생각했어."

"바보군요!"

"여성의 난세포가 1827년에야 확인되었다는 걸 덧붙이는 게 중요할 것 같구나. 그러니까 자식에게 형상과 생명을 주는 사람이 남성이라고 생각한 것은 전혀 놀라운 일이 아니야. 그 밖에도 아퀴나스가 자연적 존재로서의 여성을 존재의 위계질서에서 남성보다 아래에 놓고 생각했다는 점도 기억해두어야 해. 하지만 그는 여성의 영혼은 남성의 영혼과 똑같은 가치가 있는 것으로 보았어. 하늘나라에는 육체적인 성별의 차이가 없으니 남녀가 평등하다는 거야.”

“그게 다예요? 중세에 여성 철학자는 없었나요?”

“중세의 교회는 남자들이 독점하고 있었어. 그렇다고 여성 사상가가 없었다는 말은 아니야. 여성 사상가 가운데 한 사람이 힐데가르트 폰 빙겐(빙겐의 힐데가르트)이야.”

소피의 두 눈이 동그래졌다.

“힐데와는 어떤 관계가 있나요?”

“네가 물어볼 줄 알았지! 힐데가르트 폰 빙겐은 수녀였는데 1098년부터 1179년까지 독일의 라인란트에서 살았단다. 여자임에도 전도사, 작가, 의사, 식물학자, 과학자로 일했어. 중세에 때때로 여성이 남성보다 더 실제적이며 과학적이라는 사실을 보여주는 좋은 예라고 할 수 있지.”

“전 힐데와 무슨 관계가 있느냐고 물었는데요!”

“기독교와 유대교에는 하느님이 단지 남성적인 성격뿐만 아니라 여성적인 면이나 ‘모성’도 지녔다는 오래된 관념이 있었지. 왜냐하면 여자도 하느님의 형상에 따라 창조되었으니까. 하느님의 여성적 면모를 가리켜 그리스어로 소피아(Sophia)라고 불러. ‘소피아’ 또는 ‘소피(Sofie)’는 ‘지혜’를 뜻하지.”

소피는 당황해서 머리를 흔들었다. 왜 아무도 지금껏 그 얘기를 해주지 않았을까? 왜 자기는 그 이름에 대해 묻지 않았을까?

크녹스 선생님은 얘기를 계속했다.

“하느님의 모성적 면모를 가리키는 ‘소피아’ 여신이 중세 시대 내내 유대인들과 그리스 정교회에서는 특정한 역할을 했지만, 서유럽에선 잊히고 말았어. 그때 힐데가르트 폰 빙겐이 등장했지. 힐데가르트 폰 빙겐은 환상 속에서 여신 소피아의 환영이 자기에게 나타났다고 이야기했어. 그때의 여신 소피아는 귀중한 보석으로 장식된 옷을 입고 있었는데……."

갑자기 소피가 벤치에서 벌떡 일어났다. 소피아가 힐데가르트 폰 빙겐의 환상 속에 나타났다고…….

"그러면 아마 제가 힐데에게 나타날지도 몰라요."

소피는 다시 앉았다. 크녹스 선생님은 소피의 어깨 위에 손을 살며시 얹었다.

"그걸 우리가 알아내야 해. 이제 거의 1시가 되었어. 이제 집에 가서 점심을 먹어야지. 새 시대가 준비되어 있어. 르네상스를 공부할 시간에 다시 만나자. 헤르메스가 정원으로 너를 데리러 갈 거야."

이 말을 끝으로 이상한 수도사는 자리에서 일어나 성모 마리아 교회를 향해 걸어갔다. 소피는 앉아서 소피아와 힐데가르트 폰 빙겐에 대해, 또 소피와 힐데에 관해 생각했다. 갑자기 소피는 벌떡 일어나 수도사로 변장한 철학 선생님 뒤에서 큰 소리로 외쳤다.

"중세에도 알베르토가 있었나요?"

크녹스 선생님은 걸음을 약간 늦추고 고개를 돌려 대답했다.

"토마스 아퀴나스에게는 유명한 철학 선생님이 한 분 계셨지. 이름이 알베르투스 마그누스였어!"

그러고 나서 수도사는 성모 마리아 교회 입구에서 고개를 숙이더니 이내 사라졌다.

소피는 그 말만으로는 만족할 수 없어서 교회로 쫓아 들어갔다. 그러나 교회는 텅 비어 있었다. 알베르토 크녹스 선생님이 땅속으로 꺼진 걸까?

소피가 막 교회를 나가려 할 때, 성모 마리아상이 눈에 들어왔다. 소피는 성모 마리아상에 바싹 다가가서 한참 동안 바라보았다. 갑자기 성모상의 눈 아래에 맺힌 작은 물방울이 보였다. 눈물일까?

소피는 교회에서 달려 나와 요룬네로 뛰어갔다.

르네상스

1시 반쯤 됐을까, 소피가 헐레벌떡 정원 문 앞에 다다랐을 때, 요룬은 이미 노란 집 앞에 서 있었다.

"넌 11시간 동안 사라져 있었어."

요룬이 외쳤다.

소피는 고개를 내저었다.

"1,000년이 넘게 사라져 있었지."

"도대체 어디 숨어 있었니?"

"중세에서 온 수도사랑 데이트를 했지. 재밌는 사람이었어."

"미쳤구나. 너희 엄마가 30분 전에 전화하셨어."

"뭐라고 했어?"

"가게에 갔다고 했지."

"그랬더니 뭐라고 하셨니?"

"돌아오면 전화해달라고. 근데 우리 엄마 아빠가 10시쯤 코코아와 롤빵을 가지고 오시는 바람에 난처해졌어. 그때 침대가 비어 있었으니까."

"그래서?"

"엄청 당황했지. 나랑 싸워서 집에 갔다고 했어."

"그럼 우린 빨리 다시 화해를 해야겠네. 그리고 너희 엄마 아빠와 우리 엄마가 며칠은 이야기를 못 나누시도록 해야 돼! 그럴 수 있을까?"

요룬은 어깨를 으쓱거렸다. 그때 작업복을 입은 요룬의 아버지가 손수레를 끌고 정원에 나타났다. 작년에 떨어진 낙엽을 아직도 치우고 있는 것 같았다.

"이제 화해했나 보네. 이제 지하실 창 앞은 깨끗해졌어."

소피가 대꾸했다.

"잘됐네요. 침대 위 대신 그곳에서 코코아를 마시면 좋을 것 같아요."

아버지가 껄껄 웃어서 요룬은 좀 놀란 듯 몸을 움츠렸다. 소피네 집에서는 이 시(市) 회계 담당자 잉에브릭스텐 부부처럼 품위 있는 말을 쓰는 편이 아니었다.

"미안해, 요룬. 하지만 그 이야기에 나도 관련이 있는 것 같았어."

"무슨 이야기인지 나한테도 이야기해줘."

"집에 데려다주면. 하지만 그 이야기는 시 회계 담당자나 나이 먹은 바비 인형과는 아무 상관 없어."

"적당히 해. 그러면 남편이 바다로만 나도는 불안한 너희 엄마의 결혼 생활이 더 낫다는 거야?"

"그건 아니야. 근데 말이야, 어제 잠이 안 와서 생각해보니까 힐데는 우리가 한 일을 모두 지켜보고 있는 게 아닌가 싶어."

둘은 천천히 클뢰베르베이엔 쪽으로 걸었다.

"그 애가 천리안이라는 거야?"

"그럴 수도, 아닐 수도 있고."

요룬은 이런 비밀스러운 일들을 별로 마음에 들지 않아 했다.

"하지만 그걸로 힐데의 아빠가 왜 그 바보 같은 엽서들을 숲 속의 버려진 오두막으로 보냈는지는 알 수 없어."

"그건 그렇지."

"너 어디에 있었는지는 얘기 안 해줄 거야?"

소피는 간밤의 일과 자기가 비밀스러운 철학 수업을 받고 있다는 것도 이야기했다. 대신 모든 일을 둘만의 비밀로 하기로 단단히 약속했다.

둘은 말없이 한참 걸었다.

"마음에 안 들어."

클뢰베르베이엔 3번지에 가까워졌을 때 요룬이 말했다. 요룬은 소피네 정원 문 앞에서 잠시 멈추었다가 바로 돌아가려고 했다.

"물론 누구도 너한테 철학을 좋아하라고 강요하진 않아. 하지만 철학은 중요해. 철학은 우리가 누구인지 그리고 어디서 왔는지를 다루니까. 그런 건 학교에서 배우지 않잖아?"

"어차피 그런 질문에는 아무도 대답할 수 없어."

"어쨌든 우리가 그런 질문을 하는 법도 배운 적이 없잖아."

소피가 부엌에 들어갔을 때는 벌써 점심이 차려져 있었다. 엄마는 소피가 요룬네에서 집으로 전화하지 않은 것에 대해서는 아무 말도 하지 않았다.

점심을 먹고 나니 소피는 잠이 왔다. 엄마에게 간밤에 요룬네에서 거의 한숨도 못 잤다는 걸 털어놓았다. 하지만 그런 일은 친구 집에서 외박할 때 흔히 있는 일이었다.

잠자리에 들기 전, 소피는 자기가 벽에 걸어두었던 청동 거울 앞에 섰다. 처음에는 피곤하고 창백한 자신의 얼굴이 선명하게 보였다. 그러나 곧 소피의 얼굴 뒤에서 갑자기 다른 얼굴의 희미한 윤곽이 나타났다.

소피는 두 번 숨을 깊게 쉬었다. 이번에는 정말 헛것을 봐서는 안 된다. 소피는 길게 늘어뜨렸을 때 가장 잘 어울리는 자신의 까만 머리카락과 함께 창백한 자기 얼굴의 또렷한 윤곽을 보았다. 그런데 소피 얼굴 아래인가 뒤쪽에서 또 다른 얼굴이 유령처럼 어른거리기 시작했다.

거울 속의 이 낯선 소녀는 두 눈을 깜빡였다. 마치 거울 저편에 자기가 있다는 신호를 주려는 것처럼 보였다. 단지 몇 초 사이에 일어난 일이었다. 그러고는 곧 사라져버렸다.

소피는 침대 위에 앉아, 지금 자기가 거울 속에서 본 것이 힐데의 얼굴이라고 생각했다. 소피는 소령의 오두막에서 힐데의 학생증 사진을 언뜻 본 적이 있다. 방금 거울 속에 나타난 소녀는 힐데가 틀림없다.

소피가 쓰러질 만큼 피곤할 때만 이런 일이 일어나다니, 그래서 소피는 헛것을 본 것은 아닌지 의심스럽기도 했다.

소피는 옷을 의자 위에 놓고 이불 속으로 들어갔다. 금방 잠이 든 소피는 이제 이상하고 강렬하면서 선명한 꿈속으로 빠져들었다.

소피는 커다란 정원 안에 서 있었다. 뒤쪽에 빨간 조각배 창고가 있고 그 옆 선창에 금발머리 소녀가 앉아 호수를 바라보고 있다. 소피가 다가가 곁에 앉았으나 알아차리지 못하는 것 같았다.

"나는 소피라고 해."

소피가 자기를 소개했다. 그런데 낯선 소녀는 소피를 보지도, 소피의 목소리를 듣지도 못했다.

"넌 귀도 안 들리고 눈도 안 보이나 보네."

낯선 소녀에겐 소피의 말이 정말로 들리지 않는 모양이었다. 그때 갑자기 어떤 목소리가 들렸다.

"힐데!"

그러자 그 소녀는 벌떡 일어나 집으로 달려갔다. 그 앤 귀가 멀지도 눈이 멀지도 않았다. 집에서 중년 남자가 걸어 나왔다. 군복을 입고 파란 베레모를 쓰고 있었다. 소녀는 그 남자의 목을 껴안았고 그 남자는 소녀를 안고 두 바퀴를 돌았다. 그때 소피는 소녀가 앉았던 선창가에서 작은 금 십자가가 달린 목걸이를 발견했다. 소피는 그것을 손에 주워 든 순간 꿈에서 깼다.

소피가 시계를 보니 두 시간이 흘러 있었다. 소피는 침대에 일어나 앉아 이 이상한 꿈에 대해 골똘히 생각했다. 그 꿈은 정말 일어난 일처럼 생생하고 선명했다. 소피는 꿈에서 본 집과 선창이 어디엔가 실제로 있는 것이 틀림없다고 생각했다. 소령의 오두막과 비슷하지 않나? 어쨌든 꿈에서 본 소녀가 힐데 묄레르 크나그이고 남자는 레바논에서 돌아온 힐데의 아빠라는 것만은 분명했다. 그런데 그 남자는 알베르토 크녹스 선생님과도 조금 비슷했던 것 같은데…….

일어나서 침대를 정리하는데 베개 밑에서 십자가가 달린 금 목걸이를 발견했다. 십자가 뒷면에는 세 글자가 새겨져 있었다.

'HMK'

물론 소피가 꿈속에서 보물을 주운 것이 처음은 아니었다. 그러나 지금껏 보물을 꿈에서 가지고 나온 적은 한 번도 없었다.

"젠장!"

소피는 크게 소리쳤다.

소피는 화가 치밀어 옷장 문을 열어젖히고 실크 스카프와 흰 스타킹, 레바논에서 온 엽서들이 있는 곳에 그 예쁜 목걸이를 집어던졌다.

일요일 아침, 엄마는 따뜻한 롤빵과 사과 주스, 달걀, 이탈리안 샐러드로 아침 식사를 차려놓고 소피를 깨웠다. 엄마가 일요일에 소피보다 먼저 일어나는 일은 드물었지만 일찍 일어나면 소피를 깨우기 전에 반드시 아침을 준비했다.

아침을 먹으며 엄마가 말했다.

"정원에 못 보던 개가 오전 내내 울타리 주변을 돌고 있더구나. 어디서 온 개인지 아니?"

"네, 알아요."

하고 대답하면서 소피는 입술을 지그시 깨물었다.

"자주 왔었니?"

소피는 일어서서 거실 창 쪽으로 갔다. 헤르메스가 맞다! 개는 동굴로 가는 비밀 통로 앞에 앉아 있었다.

엄마한테는 뭐라고 말씀드리지? 대답이 선뜻 떠오르지 않아 소피가 머리를 쥐어짜고 있는데 어느새 엄마가 옆에 서서 다시 물었다.

"그 개가 여기 자주 온다고?"

"여기에 뼈다귀를 묻어두었나 봐요. 그래서 지금은 그 보물을 찾으려는 거겠죠. 개한테도 기억력이 있거든요……."

"그럴 수도 있겠지. 네가 더 뛰어난 동물 전문가니까."

소피는 머리를 썼다.

"제가 저 개를 집에 데려다줄게요."

"개가 어디 사는지 아니?"

소피는 어깨를 으쓱거렸다.

"개 목걸이에 주소가 있겠죠."

2분 뒤, 소피는 이미 정원을 가로지르고 있었다. 소피를 본 헤르메스
는 달려와서 꼬리를 흔들며, 소피에게 껑충껑충 뛰어올랐다.

"착하기도 하지, 헤르메스."

소피는 엄마가 창가에 서 있다는 것을 알고 있었다. 헤르메스가 동굴
로 달려가면 안 되는데! 다행스럽게도 헤르메스는 집 앞 자갈길로 안마
당을 지나 정원 문 쪽으로 달려갔다.

소피가 문을 닫았을 때 헤르메스는 소피보다 2미터쯤 앞서 달렸다.
이제부터 이 동네의 거리를 쭉 통과하는 긴 산책 길이 이어졌다. 하지만
특별히 소피와 헤르메스만 산책 중인 것은 아니었다. 온 가족이 함께 걷
고 있는 모습에 소피는 질투심을 느꼈다.

헤르메스는 자꾸 지나가는 다른 개와 울타리에 달려가 킁킁대며 냄
새를 맡았지만, 소피가 "이리 와!" 하고 명령하면 금방 옆으로 돌아왔다.

오래된 유원지와 커다란 운동장과 놀이터를 지났다. 이제 둘은 번화
가에 도착했다. 여기서부터 전차 선로가 놓여 있고, 자갈을 깐 넓은 길이
시내 방향으로 쭉 뻗어 있다.

시내에 이르자, 헤르메스는 광장을 지나 교회 거리로 소피를 이끌었

다. 둘은 19세기 말쯤에 지은, 거대한 임대 연립주택이 즐비한 옛 시가지에 다다랐다. 시계는 거의 1시 반을 가리키고 있었다.

이제 둘은 이 도시의 한쪽 끝에 와 있다. 어렸을 때 이 근처에 사시는 큰 고모를 찾아간 기억이 있을 뿐 자주 와본 곳은 아니었다.

곧 오래된 임대주택 사이에 있는 작은 광장에 도착했다. 광장의 이름은 '새 광장'이란 뜻의 '뉘토르게'였지만 사실은 옛 시가지만큼이나 아주 오래된 곳이었다. 이 시가지는 중세 언젠가에 세워졌다.

헤르메스는 14번지의 집 입구에서 멈추더니 소피가 문을 열기를 기다렸다. 소피의 가슴이 더 세게 뛰기 시작했다.

문을 열고 들어가니 계단 입구 벽에 초록색 우편함이 나란히 걸려 있었다. 소피는 맨 윗줄의 우편함에 꽂혀 있는 엽서 한 장을 발견했다. 수취인 불명 도장이 찍혀 있었고 수신인은 '뉘토르게 14번지, 힐데 묄레르 크나그……' 엽서에는 6월 15일자 날짜 도장이 찍혀 있다. 그때까지는 아직 2주나 남아 있었지만 집배원은 그런 것에는 신경 쓰지 않았을 것이다.

소피는 엽서를 우편함에서 꺼내 읽어 내려갔다.

사랑하는 힐데야! 이제 소피가 철학 선생님 댁에 발을 들여놓았단다. 그 애는 곧 열다섯 살이 되겠지만 너의 생일은 어제였을 거야. 혹시 오늘인가? 생일이 오늘이라면 이 엽서가 최소한 너무 늦지는 않았으면 좋겠구나. 우리의 시간이 항상 같은 속도로 흐르는 건 아니지만 말이야. 한 세대가 늙는 동안 다음 세대가 자라지. 그동안에도 역사는 흐를 거야. 유럽의 역사를 인생과 비교해서 생각해보았니? 고대가 유럽의 유년기라면, 긴 중세는 유럽의 학창 시절이야. 그러고 나서 르네상스가 시작되면서 긴 학창 시절이 끝나고 청년 유럽이 세상으로 나가게 되었어. 르네상스를 유럽의 열다섯 번째 생일이라고 할 수 있겠지. 이제 6월 중순이구나. '신이 주신 이 세계! 아, 인생은 얼마나 아름다운가!'

추신 : 십자가 금 목걸이를 잃어버려서 어쩌니. 물건을 잘 챙기도록 해. 곧 만나자. 안녕!

— 사랑하는 아빠가

헤르메스는 벌써 계단을 오르고 있었다. 소피는 엽서를 가지고 헤르메스를 뒤쫓았다. 헤르메스와 보조를 맞추려면 뛰어야 했다. 헤르메스는 꼬리를 심하게 흔들었다. 그렇게 1층, 2층, 3층, 4층을 지났다. 위로는 좁은 계단이 계속 이어져 있었다. 설마 지붕 위로 가는 건 아니겠지? 헤르메스는 계속 달려가다가 좁다란 문 앞에 서서 앞발로 그 문을 긁었다.

소피는 곧 안에서 문 앞으로 다가오는 발소리를 들었다. 곧 문이 열렸고 알베르토 크녹스 선생님이 나타났다. 오늘도 다른 옷을 입고 변장을 했다. 흰 양말을 신고 폭이 넓은 빨간 바지에 두꺼운 어깨 패드가 들어간 노란 외투를 입고 있었다. 크녹스 선생님 모습에서 소피는 조커를 떠올렸다. 잘못 생각한 것이 아니라면 그 옷은 전형적인 르네상스식 의상이다.

"선생님 피에로 같아요!"

소피는 소리치면서 크녹스 선생님을 밀고 집 안으로 들어갔다. 소피는 현관 앞에서 발견한 엽서 때문에 아직도 흥분해 있었다.

"진정해."

크녹스 선생님이 소피를 달래며 문을 닫았다.

"여기 엽서요."

선생님 책임이라는 듯이, 선생님에게 엽서를 건넸다.

크녹스 선생님은 서서 엽서를 읽고는 고개를 내저었다.

"이 사람이 정말 더 파렴치해졌구나. 자기 딸 생일을 위해 우리를 놀 잇감으로 이용하고 있어."

그러고는 엽서를 갈기갈기 찢어 휴지통에 버렸다.

"엽서에는 힐데가 십자가 금 목걸이를 잃어버렸대요."

소피가 말했다.

"나도 읽었어."

"근데 바로 이 십자가 목걸이를 오늘 제 침대에서 발견했어요. 어떻게 그게 거기 있게 됐을까요?"

선생님은 소피의 눈을 깊이 들여다보았다.

"꽤 그럴듯해 보이지만, 그건 조금의 노력도 필요 없을 가벼운 속임수 일 뿐이야. 우주라는 검은 마술사의 모자에서 꺼낸 커다란 토끼에나 생 각을 집중해보자."

두 사람은 거실로 발길을 옮겼다. 소피가 한 번도 본 적 없는 이상한 거실이었다.

선생님은 비스듬하게 경사진 지붕 밑의 큰 다락방에 살고 있었다. 이 지붕엔 창이 하나 나 있어서 눈부신 햇살이 곧장 쏟아져 들어오고 있었 다. 방에 있는 창문은 시가지 방향으로 나 있었는데, 그 창문을 통해 소 피는 오래된 임대주택의 지붕들을 볼 수 있었다.

그러나 소피를 가장 놀라게 한 것은 이 큰 거실의 인테리어였다. 방 전체가 여러 시대의 가구와 물건으로 가득 차 있었다. 어떤 소파는 1930년 대에 만들어진 것 같았고, 19세기 말의 것으로 보이는 낡은 책상, 그리고 의자들 가운데 하나는 수백 년은 묵은 것임이 분명했다. 하지만 모두 고급이었다. 책장과 각 선반에는 인형, 낡은 시계와 항아리, 나침반과 증류기, 나이프, 소형 나이프와 책 받침대, 팔분의와 육분의, 나침반과 기압계가 어지럽게 놓여 있었다. 한쪽 벽 전체가 책으로 덮여 있었지만 서점에서 찾을 수 있을 만한 책은 없었다. 장서들은 여러 시대에 걸쳐 출판된 책들을 한눈에 볼 수 있는 단면도와 같았다. 벽에는 스케치와 유화가 걸려 있었다. 수십 년 전에 그려진 그림도 몇 점 있었지만, 대부분 아주 오래된 것들이었다. 그 밖에도 벽에는 오래된 지도가 여러 장 걸려 있었다. 그중 한 지도엔 송네 피오르가 트뢰넬라그, 트론헤임 피오르가 멀리 북쪽에 잘못 그려져 있었다.

소피는 몇 분 동안 묵묵히 서 있었다가, 몸을 돌려 긴장을 늦추지 않고 방 안 구석구석을 살펴보았다.

"고물들을 많이도 모으셨네요."

소피가 입을 열었다.

"글쎄, 수백 년의 역사를 이 방 안에 고스란히 담고 있다고 생각해봐. 나라면 그걸 고물이라고 부르지는 않을 거야."

"골동품 가게 같은 것을 갖고 계세요?"

이제 크녹스 선생님은 거의 슬프기까지 한 표정을 지었다.

"모든 것이 역사라는 강줄기에 실려 떠내려올 수는 없단다. 더러는 사람들이 지키고 서서 강가에 쌓인 것을 잘 보관해야 해."

"이상한 표현이네요!"

"하지만 그게 진실이야. 우리는 지금 우리가 속한 시대에만 살고 있는 게 아니란다. 우리 안에는 우리의 역사가 담겨 있어. 네가 지금 보고 있는 이 모든 것들이 처음엔 아주 새로운 것이었다는 사실을 잊지 마. 16세기에 만들어진 이 작은 목각 인형은 아마 어떤 소녀의 다섯 번째 생일 선물이었을 거야. 그 아이의 할아버지가 만든 것일지도 모르지……. 그리고 그 아이는 10대 소녀로 자라고, 어른이 되어서 결혼을 했겠지. 이 인형을 물려줄 딸도 낳았을 거야. 그렇게 나이를 먹다가 어느 날 더 이상 이 세상에 존재하지 않는 사람이 되었지. 오래오래 살았더라도 지금은 결코 돌아오지 않는 사람이 되었단다. 근본적으로 그녀는 이 세상에 잠시 다녀간 것뿐이야. 그래도 소녀의 인형, 바로 저 인형은 아직 서가 위에 앉아 있지."

"그렇게 말씀하시니 모든 게 너무 슬프고 숙연해져요."

"삶은 슬프고 숙연한 거야. 우리는 이 아름다운 세상에 태어나 서로 알게 되고 인사를 나누고 잠시 함께 걷는 거란다. 그러곤 다시 헤어져서 우리가 이곳에 왔을 때처럼 갑자기 이유도 없이 사라져버리지."

"질문 하나 해도 돼요?"

"그럼. 우린 더 이상 숨바꼭질을 하는 게 아니니까."

"왜 소령의 오두막에 계셨어요?"

"우리가 편지를 주고받기 편하기 때문이야. 그 낡은 오두막이 빈집이란 걸 알고 있었거든."

"거기로 아예 이사하신 거예요?"

"그랬지."

"그러면 선생님이 거기 사신다는 걸 힐데의 아빠는 어떻게 알았던 걸까요?"

"내가 잘못 생각한 게 아니라면, 그 사람은 거의 모든 걸 알고 있는 것 같아."

"근데 정말 이해가 안 돼요. 어떻게 엽서를 그 깊은 숲 속까지 배달하도록 집배원을 설득했을까요?"

크녹스 선생님의 얼굴엔 묘한 웃음이 번졌다.

"그런 것쯤이야 힐데의 아빠에겐 쉬운 일일 거야. 손쉬운 눈속임, 멍청한 바보짓이지. 우린 세상에서 가장 심한 감시를 받고 있을지도 몰라."

소피는 점점 화가 치밀었다.

"그 사람이 내 앞에 나타나기만 하면 얼굴을 할퀴어줄 거예요."

크녹스 선생님은 소파로 가서 앉았고 소피도 선생님을 따라 안락의자 깊숙이 몸을 기댔다.

"철학이 우리를 힐데 아빠에게 더 가까이 데려다줄 거야."

크녹스 선생님이 말했다.

"오늘은 르네상스 이야기를 들려줄게."

"네, 시작하세요!"

"토마스 아퀴나스가 죽고 불과 몇 년 뒤에 통일된 기독교 문화에 틈이 벌어지기 시작했어. 철학과 과학은 교회 신학에서 점점 더 멀어졌고, 그에 따라 종교 역시 이성과 좀 더 독립적인 관계를 맺게 되었어. 이제 사상가들은 우리의 사유로는 절대 신을 파악할 수 없기 때문에 이성으로써 신에게 다가갈 수 없음을 더욱 강조했어. 요컨대 인간이 기독교의 신비를 이해하는 것이 중요한 게 아니라, 신의 의지에 복종하는 것이 중요하단 말이지."

"이해했어요."

"이렇게 종교와 과학이 서로 더욱 독립적인 관계를 맺게 되면서 새로운 과학적 방법과 종교적 내면성이 생겨났어. 이렇게 해서 15세기와 16세기에 걸친 중대 변혁인 르네상스와 종교개혁의 토대가 마련된 거야."

"다른 변혁에 대해서도 하나씩 살펴보기로 해요."

"르네상스는 14세기 말엽에 시작된 포괄적인 문화적 번영기를 뜻해. 북이탈리아에서 시작해서 빠르게 북쪽으로 확산되었지."

"'르네상스'는 '재탄생'을 의미한다고 하시지 않았어요?"

"맞아. 다시 태어났다는 건 고대 예술과 문화를 두고 하는 말이야. 그래서 종종 르네상스 인문주의라는 표현을 쓰기도 하지. 삶의 조건을 신 중심으로 해석했던 기나긴 중세가 지난 뒤, 이제 사람들은 다시 인간을 중심에 놓았어. 르네상스의 모토는 '기원으로 돌아가라!'였는데, 가장 중요한 기원은 고대 문화의 인문주의였으니까. 고대의 오래된 조각물과 필사본을 발굴해내는 것이 무슨 국민 스포츠처럼 유행했어. 그리스어 배우기도 유행했고, 결과적으로 그리스 문화에 대한 새로운 연구가 시작되었어. 그리스 인문주의 연구에는 무엇보다 교육적 목표가 있었어. 인문 분야 연구는 인간을 보다 고양된 존재로 끌어올리는 '고전적 교육'을 제공했어. 그 당시의 말로 표현하면 '말은 태어나는 것이지만 인간은 태어나는 것이 아니라 만들어지는 것'이지."

"그러니까 인간이 되기 위해서는 교육을 받아야 한다는 거군요."

"그래, 당시 사람들의 생각은 그랬지. 르네상스 인문주의를 좀 더 자세히 살펴보기 전에 르네상스의 정치·문화적 배경에 대해 얘기해보자."

크녹스 선생님은 일어서서 방 안을 서성거렸다. 잠시 발을 멈춰 서 있다가, 서가에 있는 아주 오래된 기구 하나를 가리키며 물었다.

"이게 뭘까?"

"오래된 나침반 같은데요."

"맞아."

이제 그는 소파 위 벽에 걸려 있는 오래된 엽총을 가리켰다.

"이것은?"

"아주 오래된 엽총요."

크녹스 선생님은 서가에서 커다란 책을 꺼냈다.

"그건 오래된 책이에요."

"더 정확하게 말하자면 '인쿠나불라'란다."

"인쿠나불라요?"

"원래는 '요람'을 의미해. 서기 1500년 이전에 인쇄술이 아직 초기 단계일 때 인쇄된 초기 간행본을 그렇게 부른단다."

"정말 그렇게 오래됐어요?"

"그럼, 오래됐지. 우리가 지금 본 세 가지 발명품, 그러니까 나침반, 화약, 인쇄술은 우리가 르네상스라고 부르는 새 시대를 여는 데 가장 중요한 전제 조건이 되었단다."

"더 자세히 설명해주세요."

"나침반은 항해를 쉽게 해주었어. 다시 말하면 먼 거리를 탐험할 때 없어서는 안 될 중요한 것이 바로 나침반이었지. 그 밖에 화약도 중요한 것으로 꼽는데, 이 새로운 무기는 유럽이 아시아와 아메리카 문화를 넘어서게 해줬어. 그리고 인쇄술은 르네상스 인문주의의 새로운 사상을 보급하는 데 긴요한 역할을 했을 뿐만 아니라, 무엇보다도 오랫동안 교회에 빼앗긴 학문을 전달하는 역할을 되찾아올 수 있게 했어. 그 뒤에도 새로운 도구와 기구들이 잇따라 발명되었지. 한 예로 망원경은 천문학 발달에 획기적인 역할을 했고."

"그래서 드디어 로켓과 달 착륙선이 등장한 거죠?"

"약간 앞서갔구나. 물론 르네상스 시대에 처음으로 인간이 달에 닿으려는 노력이 시작되었어. 히로시마와 체르노빌 사고에도 가까워졌고. 그러나 먼저 문화와 경제 영역에서 변화가 일어났어. 현물경제에서 화폐경제로의 변화가 중요한 토대가 되었지. 중세 말에는 수공업이 번창했고 부지런한 상인과 화폐경제와 은행 제도를 갖춘 도시들이 생겨났어. 이렇게 해서 자연적 생활 조건으로부터 어느 정도 독립성을 가진 시민 계급이 생겨났지. 생계에 필요한 것은 이제 돈을 주고 살 수 있게 되었어. 이런 발전은 개인의 근면과 상상력 그리고 독창성을 필요로 했지. 개인은 아주 새로운 상황에 직면하게 된 거야."

"그때보다 약 2,000년 전, 그리스의 도시가 생겨나던 때가 떠오르는데요?"

"그럴 수도 있지. 그리스 철학자들이 농경문화에 따른 신화적 세계상에서 어떻게 벗어났는지 설명했지? 같은 방식으로 르네상스 시대의 시민들은 봉건 군주와 교회의 권력에서 벗어나기 시작했어. 동시에 스페인의 이슬람 문화, 동방의 비잔틴 문화와 밀접하게 교류하면서 그리스 문화를 재발견하게 되었지."

"고대 문화에서 나온 세 개의 강줄기가 하나로 합쳐진 것이군요."

"아주 똑똑한 학생이구나. 르네상스의 배경에 대한 설명은 이것으로 충분해. 자, 이제 새로운 사유에 관해 이야기해보자."

"지금 바로요! 전 저녁 시간 전에는 집에 돌아가야 해요."

크녹스 선생님은 다시 소파에 자리를 잡았다.

"르네상스는 무엇보다도 새로운 인간상을 만들었단다. 르네상스 시대의 인문주의자들은 죄를 저지르기 쉬운 인간의 본성만을 일방적으로 강조한 중세와는 반대로 인간과 인간의 가치에 대한 완전히 새로운 믿음을 발전시켜나갔다. 이 시대에 인간은 한없이 위대하고 가치 있는 존재였어. 르네상스의 핵심 인물 가운데 하나인 마르실리오 피치노는 '너 자신을 인식하라. 오, 인간의 모습을 한 신의 족속이여!' 하고 외쳤어. 또 조반니 피코 델라 미란돌라는 「인간의 존엄에 대하여」라는 찬양의 글을 썼지. 이러한 생각은 중세에는 상상조차 할 수 없었어. 중세에는 모든 사고의 중심이 신에게 있었으니까. 르네상스의 인문주의자들은 사고의 출발점을 인간 자신에 두었지."

"하지만 그리스 철학자들도 그렇지 않았나요?"

"그래서 르네상스를 가리켜 사람들이 고대 인문주의의 '재탄생'이라고 말하는 거야. 그러나 르네상스 시대의 인문주의는 고대 인문주의보다 더욱 강하게 개인주의 경향을 띠었어. 우리는 인간인 동시에 유일무이한 개인이야. 이런 생각은 거의 맹목적인 천재 숭배로 이어졌어. 그 이상향을 르네상스 인간이라고 하는데 그것은 삶과 예술과 학문의 모든 분야에 정통한 사람을 가리키는 거야. 새로운 인간상은 인간 육체의 해부학에 대한 관심에서도 잘 나타나. 고대에 그랬듯이 사람들은 신체 구조를 알아내기 위해 시체를 해부했는데 이는 의학뿐만 아니라 예술에서도 중요한 역할을 해냈어. 미술에서는 인간의 나체를 묘사하는 것이 다시 일상적인 일이 되었어. 그러기까지 1,000년 동안은 수치심을 겪어야 했지. 인간은 다시 자기 자신으로서 존재하려 했어. 그리고 더 이상 인간은 자기 스스로를 부끄럽게 여기지 않아도 되었지."

"감동적이네요."

소피는 이렇게 말하면서 자신과 철학 선생님 사이에 있는 작은 탁자 위로 엎드렸다.

"맞아. 새로운 인간상은 완전히 새로운 인생관을 낳았어. 인간은 신을 위해서만 존재하지 않아. 신은 인간을 위해서 인간을 창조했지. 그래서 인간은 지금의 삶에 대해 기뻐할 수 있는 거야. 그리고 인간이 자신을 자유롭게 한다면, 인간의 가능성은 무한해. 모든 한계를 초월하는 것이 이제 인간의 목표가 되었어. 그 점이 고대의 인문주의와 르네상스의 차이란다. 고대 인문주의자들은 인간이 마음의 평안과 중용 그리고 자제력을 보여줘야 한다고 강조했지."

"그럼 르네상스의 인문주의자들은 자제력을 잃어버렸다는 건가요?"

"적어도 그들은 특별히 중용을 지키지는 않았어. 그들은 전 세계가 이제 막 새롭게 눈뜨기 시작했다고 느꼈단다. 그렇게 해서 시대를 구분하는 의식도 생겨났지. '중세'라는 말이 고대와 르네상스 시대 사이의 모든 시간을 표현하는 말로 쓰이기 시작했어. 그리고 모든 분야에서 유일무이한 전성기가 시작되었지. 미술과 건축, 문학과 음악, 그리고 철학과 과학 모두에서 말이야. 구체적인 예를 들어볼까? 우리는 고대 로마를 '도시 중의 도시'라거나 '세계의 중심'이라고 부르곤 하지. 그러나 이 도시는 중세부터 점점 쇠락하기 시작해서 100만을 넘던 인구가 1417년에는 1만 7,000명으로 줄어들었어."

"릴레산보다도 훨씬 적네요."

"르네상스 인문주의 시대에 문화 정책의 목표는 로마를 부활시키는 것이었어. 그래서 제일 먼저 성베드로 대성당이 사도 베드로의 무덤 위에 세워졌지. 거기선 이제 실제로 중용이나 자제력과 같은 말은 어울리지 않았어. 르네상스 시대에 이름을 날린 여러 위인들이 세계적으로 가장 거대한 이 건축 계획에 참여했어. 이 작업은 1506년에 시작되어서, 꼬박 120년이 걸렸어. 그러고 나서도 약 50년 후에야 성베드로 광장이 완성되었단다."

"엄청나게 큰 성당이겠군요."

"길이 200미터에 높이 130미터의 대성당이었지. 르네상스인들의 대담함을 잘 보여주고 있지. 또 한 가지 주목할 만한 것은 르네상스 시대에 새로이 등장한 자연관이야. 인간이 지금의 삶을 고향처럼 느낀다는 것, 그리고 땅 위의 삶을 더 이상 하늘에서의 삶을 위한 준비로 여기지 않게 되었다는 것은 물리적 세계에 대한 전혀 새로운 시각을 함축하는 것이기도 해. 사람들은 이제 자연을 긍정적으로 바라보기 시작했어. 많은 사람들이 신은 창조물 속에 있다고 생각했고, 신은 무한하기 때문에 자연 어디에나 존재한다는 거였지. 이런 견해를 범신론이라고 해. 중세의 철학자들은 늘 신과 피조물 사이에 건널 수 없는 심연이 있다고 했지. 그런데 이제 자연은 신적인 것으로 표현되고, 급기야는 '신의 자아실현'으로까지 간주되었어. 이 새로운 사유를 교회가 언제나 호의적으로 받아들였던 것은 아니야. 그 극단적인 예가 조르다노 브루노의 운명이지. 그는 신이 자연 안에 있다고 주장했을 뿐만 아니라 우주가 무한하다고 주장하다가 가혹한 벌을 받았어."

"어떻게요?"

"1600년 로마의 캄포 데이 피오리(꽃의 광장)에서 화형 당했단다……."

"잔인하고 멍청하네요! 그걸 인문주의라고 할 수 있나요?"

"아니. 브루노가 인문주의자였지, 사형 집행인이 인문주의자였단 말이 아니야. 하지만 르네상스 시대에는 우리가 '반인문주의'라고 부를 수 있는 것도 번성했어. 그러니까 권위적인 교회와 국가 권력 말이야. 르네상스 시대에는 마녀 재판과 화형, 마법과 미신, 피비린내 나는 종교 전쟁이 있었고, 무엇보다 무자비하게 아메리카 대륙을 정복한 시대였어. 인류의 역사에서 좋은 시대 또는 나쁜 시대라고 단정 지어 얘기할 수 있는 시대는 없단다. 선과 악은 두 가닥의 붉은 실처럼 전체 인류의 역사에 드리워져 종종 서로 얽히기도 했지. 이건 우리가 다음에 다룰 주제어에 해당하기도 해. 어떻게 르네상스가 과학의 새로운 방법을 발전시켰는지 들려주지."

"최초의 공장들이 세워졌나요?"

"아직은 아니야. 하지만 르네상스 시대 이후의 모든 기술 발달에 결정적 전제가 된 것이 과학의 새로운 방법이었지. 이건 과학의 본질에 대한 새로운 태도를 의미해. 기술적 결실은 그 뒤에 하나둘씩 뒤따라온 것이고."

"이 새로운 방법은 어떤 건가요?"

"이 방법은 자연을 인간 고유의 감관으로 탐구하는 것을 중요시했어. 이미 14세기 초에 낡은 권위주의에 대한 맹신을 경계하는 목소리가 점점 더 커졌단다. 그런 권위주의에는 교회의 교리와 아리스토텔레스의 자연철학도 들어갔지. 게다가 단순히 형식논리적 추론과 사고를 통해서 문제를 해결할 수 있다는 확신도 경계하게 되었지. 이성의 능력에 대한 과장된 신뢰가 중세 전체를 지배했어. 그러나 이제 사람들은 자연을 근본적으로 관찰하고 경험과 실험을 바탕으로 탐구해야 한다고 생각했어. 이를 경험적 방법론이라고 해."

"그게 무슨 뜻이죠?"

"먼지로 뒤덮인 두루마리나 몽상을 통해서가 아니라 실제 경험을 통해서 사물에 대한 지식을 얻는다는 뜻이지. 물론 고대에도 경험적 학문이 있었고, 그래서 아리스토텔레스가 자연에 대해 여러 가지 중요한 것들을 관찰했었지. 그러나 체계적인 실험은 아주 새로운 일이었어."

"그래도 요즘 같은 기계들은 없었겠죠?"

"계산기는커녕 전자저울도 없었지. 그러나 그들에게는 수학과 저울이 있었어. 특히 강조된 것은 과학적인 관찰을 정확한 수학적 언어로 표현하는 것이었어. 17세기의 가장 중요한 과학자 가운데 한 사람인 갈릴레오 갈릴레이는 '양을 잴 수 있는 것은 양을 재야 하며, 양을 잴 수 없는 것은 잴 수 있도록 만들어야 한다'고 했지. 그는 자연에 관한 책은 수학적 문자로 쓰인다고 말하기도 했어."

"많은 실험과 계량을 통해 새로운 발명의 길이 열린 건가요?"

"첫 단계는 과학의 새로운 방법이었어. 기술의 발달은 그 이후의 모든 새로운 발명을 가능하게 했지. 인간이 자연 상태에서 벗어나기 시작했다고 말할 수 있겠지. 인간은 더 이상 자연의 한부분에 불과한 존재가 아니었어. 자연은 인간이 사용하고 이용할 수 있는 어떤 것이었어. 영국의 철학자 프랜시스 베이컨은 '아는 것이 힘'이라고 말했어. 이것은 앎의 실제적인 효용을 강조한 말인데, 이것 역시 이 시대에 나타난 새로운 사고였지. 이제 인간은 자연에 손을 대고 지배하게 되었어."

"하지만 그런 일이 바람직한 것만은 아니었지요?"

"그렇지. 여기서도 우리는 인간이 하는 모든 일에 얽혀 있는 좋은 끈과 나쁜 끈을 동시에 붙잡고 있는 셈이었어. 르네상스 시대에 일어난 기술 혁신은 방적 기계를 만든 대신 실업자가 생겨났고, 의약품을 만든 동시에 새로운 질병을 퍼뜨렸지. 또한 농업 생산성의 증대를 가져왔지만 자연을 파괴하는 결과를 낳았어. 그리고 세탁기, 냉장고와 같은 실용적인 도구가 생겨났지만 환경이 오염되고 쓰레기가 산더미처럼 쌓이게 됐지. 오늘날 우리가 마주한 환경 파괴 앞에서 많은 사람들은 기술 발달을, 자연이 우리에게 준 삶의 조건으로부터의 위험한 일탈이라고 생각했어. 우리가 더 이상 통제할 수 없는 과정에 휘말려들었다고 생각했지. 그러나 낙관적인 사람들은 지금의 기술 수준이 아직 초기 단계에 지나지 않는다고 믿었어. 기술 문명은 열병을 앓기는 하겠지만 인간은 끝내 자연을 위험하지 않게 지배하는 방법을 배우게 될 거라는 거야.

"선생님 의견은 어떠세요?"

"두 주장 모두 일리가 있지. 비관론에 의하면 인간은 더 이상 자연에 개입해서는 안 된다는 것이고, 낙관론은 계속해도 좋다는 것인데 한 가지 분명한 것은 어느 쪽이나 중세로 돌아가자는 것은 아니라는 점이야. 르네상스 이후로 인간은 더 이상 단순히 신의 피조물의 한 부분이 아니라 스스로 자연에 개입해 자신의 생각대로 자연을 만들어내는 존재가 되었어. 그건 신의 피조물 가운데서도 인간이 얼마나 대단한 존재인지 말해주는 것이지."

"우리는 벌써 달에도 갔다 왔잖아요. 중세엔 달나라에 갈 수 있다는 생각도 못 했겠지요?"

"그래, 그건 확실해. 그 문제와 함께 이제 새로운 세계상에 대해 이야기해보자. 하늘 아래 살면서 중세 내내 인간은 해와 달, 별과 행성을 바라보며 지구가 우주의 중심이라고 확신했지. 지구는 한곳에 정지해 있고 '천체'가 지구 주위를 돈다고 믿었어. 이런 관념을 우리는 지구 중심 세계관이라고 해. 하느님이 모든 천체 위에 군림한다는 기독교적인 관념이 이 세계관을 떠받쳐주었지."

"좀 더 쉽게 말씀해주세요."

"1543년에 『천체의 회전에 관하여』라는 책이 나왔어. 이 책은 폴란드의 천문학자 니콜라우스 코페르니쿠스가 쓴 것인데 그는 이 획기적인 저서가 출판된 날 숨을 거두었지. 코페르니쿠스는 태양이 지구 주위를 도는 것이 아니라 지구가 태양 둘레를 돈다고 주장했어. 그는 천체의 운행에 대해 그때까지 밝혀진 관찰 자료를 바탕으로 그런 주장을 펼친 거야. 태양이 지구 주위를 돈다고 생각하는 건 지구가 지축을 중심으로 자전하고 있기 때문이야. 코페르니쿠스는 지구와 다른 행성들이 태양 주위를 원형의 궤도를 따라 돈다고 가정하면 천체에 대한 관찰 자료들을 훨씬 쉽게 이해하고 설명할 수 있다고 주장했어. 이런 생각을 모든 별들이 태양 주위를 돈다는 태양 중심의 세계관이라고 해."

"이 세계관이 옳은가요?"

"다 옳지는 않지. 코페르니쿠스가 주장한 지동설의 요지는 물론 맞는 이야기지만 그는 태양을 우주의 중심점으로 생각했어. 그러나 오늘날 우리가 알기로는 태양 역시 수많은 별들 중의 하나고, 우리가 볼 수 있는 모든 별들도 수십억 개 은하들 중의 하나일 뿐이야. 코페르니쿠스는 지구와 다른 행성들도 원 모양의 궤도로 태양 둘레를 움직인다고 믿었어."

"맞지 않아요?"

"아니란다. 그는 원 모양의 궤도에 대해 아무런 증거를 대지 못했고 단지 천체가 '천계'의 것이기 때문에 공 모양을 하고 있으며 원형의 궤도를 그린다는 낡은 세계관에 의지했을 뿐이었어. 사람들은 플라톤 시대부터 공과 원을 가장 완벽한 기하학적 형상으로 간주했거든. 하지만 17세기 초 독일의 천문학자 요하네스 케플러가 행성은 태양을 중심으로 타원 궤도를 운행한다는 사실을 증명하는 포괄적인 관찰 결과를 발표했어. 그 밖에 행성이 태양에 가장 가까이 있을 때 가장 빨리 움직이며, 멀리 떨어져 있을수록 더 천천히 움직인다는 사실도 입증했지. 케플러를 통해서 비로소 지구가 모든 다른 행성과 똑같은 행성이라는 사실이 밝혀졌어. 그 외에 우주 어느 곳에서나 똑같은 물리 법칙이 적용된다는 점도 강조했지."

"어떻게 그렇게 확신할 수 있었을까요?"

"그건 케플러가 고대인들이 한 말을 맹신하지 않고 자신의 감관으로 행성들의 움직임을 연구했기 때문이야. 케플러와 거의 같은 시기에 이탈리아의 유명한 과학자 갈릴레오 갈릴레이가 살았어. 망원경으로 천체를 관찰했지. 달 표면의 분화구를 연구하고, 그곳에도 지구처럼 산과 계곡이 있다는 사실을 확인했단다. 갈릴레이는 그 밖에도 목성의 네 위성을 발견했어. 그러니까 지구에만 달이라는 위성이 있는 건 아니었던 거지. 중요한 것은 갈릴레이가 관성의 법칙을 발견했다는 점이야."

"그 법칙이 무엇이죠?"

"모든 물체는 외부의 힘이 작용하지 않는 한 정지 상태에 있거나 직진 궤도에서 같은 상태로 움직인다는 이론이야. 물론 갈릴레이는 이렇게 정리를 끝마치지 못했고 나중에 아이작 뉴턴이 공식화했지."

"그렇군요."

"고대부터 지구가 지축을 중심으로 자전한다는 주장에 대한 가장 강력한 반대 논거는, 지구가 아주 빠르게 움직이기 때문에 공중을 향해 수직으로 던져 올린 돌멩이는 원래 자리에서 몇 미터 뒤의 지점에 떨어져야 한다는 것이었어."

"그렇지 않은가요?"

"네가 기차에 앉아 사과를 떨어뜨리면, 기차가 움직인다 해도 사과가 네 뒤쪽으로 떨어지지는 않아. 사과는 바로 네 옆에 떨어지겠지. 이것은 관성의 법칙 때문이야. 네가 사과를 떨어뜨리기 전에 가지고 있던 속력을 그대로 유지하는 것이지."

"알 것 같아요."

"갈릴레이 시대에는 기차가 없었단다. 하지만 네가 방바닥에서 공을 굴린다면 어떻게 될까?"

"계속 구르겠지요."

"네가 공을 굴리기 시작한 뒤에도 공의 속도가 계속 유지되기 때문이지."

"그래도 결국 공은 멈추게 될 거예요."

"다른 힘들이 공의 속도를 줄이기 때문이야. 우선 방바닥, 특히 거친 나무 바닥의 마찰력이 공의 속도를 줄이겠지. 중력도 공을 멈추게 할 거야. 잠시 보여줄 게 있어."

이제 알베르토 크녹스 선생님은 일어나 오래된 책상으로 가더니 서랍에서 무언가를 꺼내 탁자 위에 올려놓았다. 그것은 아주 단순한 나무판자였는데, 한쪽 끝은 아주 얇고 다른 쪽 끝은 그보다 몇 밀리미터 더 두꺼웠다. 선생님은 거의 탁자를 다 뒤덮은 나무판자 옆에 구슬을 하나 놓았다.

"이건 '빗면'이라고 해. 이 높은 쪽 끝에 구슬을 놓으면 어떻게 되겠니?"

소피는 한숨을 쉬며 말했다.

"굴러 내려 바닥에 떨어지겠죠, 10크로네 걸게요."

"어디 볼까?"

크녹스 선생님이 구슬을 놓자, 소피가 말한 대로 구슬은 빗면을 굴러 내려가다가 탁 하는 소리와 함께 바닥에 떨어져 문지방에 부딪쳤다.

"역시!"

소피가 말했다.

"정말 그렇구나. 갈릴레이도 이런 실험을 했단다."

"갈릴레이라는 사람이 그렇게 바보였나요?"

"서두르지 마. 갈릴레이는 모든 것을 자신의 감관을 통해서 연구하려고 한 거야. 먼저 구슬이 왜 빗면을 굴러 내려왔는지를 설명할 수 있겠니?"

"구슬이 무겁기 때문에 구르기 시작한 거지요."

"맞아. 그런데 무겁다는 건 뭘까, 소피야?"

"바보 같은 질문을 하시네요."

"네가 대답할 수 없다면 어리석은 질문이 아니야. 구슬이 왜 빗면을 굴렀지?"

"중력 때문이에요."

"잘 아는구나. 이것을 만유인력이라고도 해. 그러니까 무게는 중력과 관계가 있는 것이란다. 이 힘이 구슬을 움직인 거야."

크녹스 선생님은 구슬을 집어 들고 빗면 위로 허리를 구부렸다.

"이제 구슬을 빗면에서 대각선으로 가로지르도록 굴릴 테니까 어떻게 움직이는지 직접 확인해보렴."

구슬을 빗면에 가로질러 굴리자 아래쪽을 향해 빗금을 그으면서 굴러떨어졌다.

"어떻게 됐지?"

"구슬이 비스듬히 기울면서 떨어졌어요. 비스듬한 판자니까요."

"이제 구슬에 사인펜으로 색칠을 해서 굴려보자. 그러면 '비스듬하다'는 말이 무슨 뜻인지 눈으로 확인할 수 있을 거야."

크녹스 선생님은 사인펜으로 새까맣게 칠한 구슬을 다시 빗면에 굴렸다. 구슬이 검게 흔적을 남겼기 때문에 빗면 위에 그려진 구슬의 궤도를 정확히 알 수 있었다.

"구슬이 어떻게 움직였니?"

"곡선으로요……. 원의 한 부분처럼 보여요."

"정확히 맞혔어!"

크녹스 선생님은 소피를 바라보며 눈썹을 추켜올렸다.

"하지만 정확하게는 원이 아니고 포물선이야."

"그랬군요."

"그런데 왜 구슬이 그런 모양으로 움직였을까?"

소피는 곰곰 생각하더니 입을 열었다.

"나무판자의 바닥이 기울어서 구슬이 중력에 의해 당겨졌기 때문이지요."

"아, 감동적이기까지 한데? 다락방에 날 찾아온 소녀가 간단한 실험 한 번에 갈릴레이와 똑같이 인식했으니 말이야."

손뼉을 치며 기뻐하는 크녹스 선생님을 보자 소피는 선생님 정신이 이상해진 것은 아닐까 싶어 겁이 났다. 선생님은 말을 이었다.

"두 힘이 하나의 대상에 동시에 작용하면 어떤 일이 벌어지는지 봤지? 갈릴레이는 예를 들어 대포알에도 같은 사실이 적용된다는 것을 알아냈어. 대포알은 공중으로 쏘아 올려져 날아가다가 결국은 땅으로 떨어지는데 그 모양이 빗면 위의 구슬처럼 포물선을 그리지. 이러한 사실은 갈릴레이 시대에 굉장히 새로운 발견이었지. 아리스토텔레스는 공중에 던져진 투사체가 처음에는 약간 둥글게 휘어지다가 수직으로 바닥에 떨어진다고 생각했거든. 그 생각은 틀렸지만 갈릴레이가 실제로 증명하고 나서야 아리스토텔레스가 틀렸음이 알려졌지."

"그게 그렇게 중요한가요?"

"그게 중요하냐니! 우스운 질문이구나. 이건 인류의 역사의 모든 과학적 발견 중에서도 가장 중요한 거야."

"그럼 그 이유를 빨리 알려주세요."

"이후에 영국의 물리학자 아이작 뉴턴이 등장하게 되는데, 그는 1642년에서 1727년까지 살았던 사람이야. 우리가 근본적으로 태양계와 그 안의 행성들의 운동을 기술할 수 있게 된 것은 뉴턴 덕분이야. 뉴턴은 행성들이 태양 주위를 어떻게 돌고 있는지 설명했을 뿐만 아니라, 더 나아가 왜 그렇게 돌아야 하는지도 설명했어. 이것은 뉴턴이 갈릴레이의 관성의 법칙에 기초해 최종적으로 완성했단다."

"그럼 빗면 위의 구슬이 행성인 건가요?"

"그렇게 말할 수 있지. 하지만 조금만 더 기다려볼래?"

"네! 저야 할 일도 없으니까요."

"이미 케플러는 행성 사이에 서로 잡아당기는 힘이 작용하리라는 것을 증명했어. 예를 들어 태양에서 나온 힘이 행성들을 정해진 궤도에 붙잡아둔다는 거야. 그 외에도 서로 잡아당기는 힘은 행성들이 왜 태양에서 멀리 있을 때보다 가까이 있을 때 더 빠른 속도로 공전하는지도 설명해줄 수 있지. 케플러는 바닷물의 수위가 높아졌다가 낮아지는 밀물과 썰물 현상이 달의 힘과 관계가 있다고도 생각했어."

"그건 맞는 말이에요."

"응, 맞아. 하지만 갈릴레이는 그런 주장을 받아들이지 않았어. 그는 '달이 물을 지배한다'는 케플러의 주장을 고정관념이라며 비웃었지. 갈릴레이는 어떤 힘이 멀리 떨어진 곳에 작용할 수 있다는 것, 그러니까 행성 사이에 어떤 힘이 작용할 수 있다는 가정을 도저히 받아들이지 못했어."

"그건 갈릴레이가 틀렸네요."

"맞아. 바로 그 점이 갈릴레이의 오류였지. 갈릴레이가 평소 지구의 중력과 물체의 낙하운동 연구에 몰두했다는 사실을 생각하면 우습기까지 한 일이야. 게다가 그는 여러 힘들이 한 물체의 운동을 어떻게 조종하는지를 보여준 사람이기도 하거든."

"그건 뉴턴 아닌가요?"

"그래, 그러고 나서 뉴턴이 만유인력을 공식화했지. 이 법칙은 모든 물체는 끌어당기는 힘을 가지는데 그 힘은 물체가 클수록 세고, 서로 떨어진 거리가 멀수록 약해진다는 것이란다."

"아, 알 것 같아요. 예를 들어 코끼리 두 마리 사이에는 쥐 두 마리 사이에서보다 더 큰 인력이 작용하겠군요. 그리고 인도에 있는 코끼리와 아프리카에 있는 코끼리 사이의 인력보다, 같은 동물원에 있는 두 코끼리 사이의 인력이 세겠고요."

"잘 이해했구나. 하지만 가장 중요한 것이 아직 남아 있어. 뉴턴은 이러한 인력(중력)이 보편적이라는 점을 강조했어. 다시 말해 어디에서나, 천체들 사이에서도 인력이 작용한다는 거야. 뉴턴은 어느 날 사과나무 아래에 앉아 있다가 이런 생각을 떠올렸다고 해. 그는 나무에서 사과가 떨어지는 것을 보면서 어쩌면 달도 사과를 당기는 힘과 똑같은 힘에 의해 지구로 끌어당겨지며 영원히 지구 둘레를 도는 것이 아닐까 하고 생각했지."

"똑똑했지만 아주 영리하지는 못했군요."

"왜, 소피야?"

"만약에 달이 사과를 떨어뜨리는 힘과 똑같은 중력에 의해 지구로 끌어당겨지고 있다면, 달은 고양이처럼 지구 주위를 뱅뱅 도는 대신 결국 지구와 부딪쳐버리겠죠."

"이제 서서히 뉴턴의 행성 운행 법칙에 가까이 가고 있구나. 지구의 인력이 어떻게 달을 끌어당기는가에 대한 네 이야기는 반은 맞고 반은 틀렸어. 소피야, 왜 달이 지구와 부딪치지 않을까? 지구의 중력은 사실 달에 엄청난 힘으로 작용해. 밀물 때 바닷물을 1~2미터 끌어 올리기 위해 얼마나 많은 힘이 필요하겠는지 생각해보렴."

"잘 모르겠어요."

"갈릴레이의 빗면을 생각해봐. 내가 구슬을 빗면에서 굴렸을 때 어떻게 됐지?"

"그렇다면 두 개의 서로 다른 힘이 달에 영향을 미친다는 말씀인가요?"

"맞아. 태양계가 형성될 때 달은 강한 힘으로 인해 궤도에서 벗어나 지구 앞까지 팽개쳐졌어. 그리고 그 힘은 달에 영원히 작용하게 될 거야. 왜냐하면 달은 아무런 저항 없이 진공 상태에서 움직이니까."

"하지만 동시에 달은 중력 때문에 지구로 당겨지는 것 아닌가요?"

"그렇지. 두 힘은 지속적이고 동시에 작용해. 그래서 달이 계속 지구 주위를 돌 수 있는 거지."

"정말 그렇게 간단한 일이에요?"

"맞아. 그 정도로 간단한 일이야. 그리고 뉴턴에겐 '단순함'이 제일 중요했단다. 그는 관성의 법칙과 같은 몇 가지 물리 법칙이 전 우주에 작용한다는 것도 증명했어. 행성의 운동에 관해서는 갈릴레이가 제시한 두 가지 자연법칙을 응용했단다. 관성의 법칙과, 갈릴레이의 구슬이 빗면 위에서 구를 때처럼 서로 다른 두 힘을 동시에 받는 물체는 타원 궤도로 움직인다는 법칙이지."

"뉴턴은 그것으로 왜 모든 행성이 태양의 주위를 도는지 설명했군요."

"맞아. 모든 행성이 태양 주위를 타원 궤도로 움직이는 것은 행성이 동시에 두 가지 다른 힘에 따라 움직이기 때문이야. 하나는 태양계가 생길 때 태양에서 떨어져 나오려는 힘(원심력)에 의해 지배되는 직선운동이고, 또 하나는 중력에 의한 운동, 즉 태양을 향해 가까이 가려는 힘(구심력)에 의한 운동이지."

"정말 똑똑했네요."

"물론 그랬지. 뉴턴은 이런 법칙이 우주 어느 곳에서나 모두 적용된다는 사실을 증명해서, 하늘 위에서는 땅 위에서와 다른 법칙이 적용된다는 중세의 관념을 걷어냈어. 태양 중심의 세계관은 뉴턴의 생각을 통해 근본적으로 설명되고 연구되었지."

크녹스 선생님은 일어서서 경사진 나무판자를 서랍에 도로 넣었다. 그러고는 허리를 굽혀 마룻바닥에서 구슬을 집어 소피와 선생님 사이의 탁자 위에 놓았다. 이 나무판자와 구슬로 그렇게 많은 것을 배운 것이 아주 신기했다. 아직도 여기저기 검은 먹물이 묻어 있는 초록색 구슬을 보고 있던 소피는 지구를 떠올리며 물었다.

"그러니까 사람들은 거대한 우주 속의 지구라는 행성 위에서 살아가고 있다는 것에 만족해야 하는 건가요?"

"맞아, 새로운 세계상은 여러 가지 의미에서 큰 짐이었어. 아마 다윈이 인간은 짐승에서 진화했다는 것을 증명했을 때의 상황과 비교해볼 수 있겠구나. 두 경우 모두 인간은 창조의 질서 속에서 차지하고 있던 자신의 특별한 지위를 상실했지. 그리고 두 경우 모두 교회의 거센 반발을 받았어."

"잘 알겠어요. 왜냐하면 두 경우 모두 신의 위치와 의미가 불분명해졌기 때문이죠? 지구가 우주의 중심에 있고 하느님이 하늘 위 꼭대기 층에 있다고 하면 모든 일이 더 간단해질 테니까요."

"문제는 그것뿐만이 아니었어. 우주 전체에 동일한 물리적 법칙이 적용된다는 것을 뉴턴이 증명했을 때, 사람들은 뉴턴이 신의 전능함에 대한 믿음을 상실했다고 생각했어. 물론 뉴턴의 신앙은 그것 때문에 흔들리지는 않았지. 도리어 그는 보편적 자연법칙을 위대하고 전능한 신의 존재에 대한 적극적 증거라고 생각했지. 보다 심각한 문제는 인간의 자기 이해에 대한 것이었어."

"그게 무슨 말씀이세요?"

"르네상스 이후로 인간은 자신이 거대한 우주에서 우연히 지구라는 행성에 산다는 사실에 익숙해져야 했어. 그 사실에 우리는 얼마나 익숙해졌는지 모르겠지만. 아무튼 르네상스 시대에 몇몇 사람들은 인간이 이전보다 더 존재의 중심에 놓여야 한다고 주장했어."

"무슨 말씀인지 잘 모르겠어요."

"그때까지는 지구를 세계의 중심이라고 믿어왔어. 그러나 천문학자들이 우주에 절대적인 중심은 없다고 설명하자 이번엔 사람 수만큼이나 수없이 많은 중심이 생겨난 거야."

"그렇군요."

"르네상스 시대에는 새로운 신관(神觀)도 탄생했어. 철학과 과학이 신학에서 떨어져 나오자 새로운 기독교적 경건함이 생겨났어. 이것은 르네상스의 새로운 인간관과도 밀접한 관계가 있었지. 새로운 인간관은 종교 의식(儀式)에도 큰 영향을 미쳤어. 즉 교회 조직과 개인의 관계보다 신과 개인의 개별 관계가 더 중요해진 거야."

"예를 들면 혼자 하는 저녁 기도 같은 거요?"

"그래, 그것도 포함되지. 중세의 가톨릭 교회에서는 라틴어 기도문과 제의적 기도가 본질적인 예배의 중추 역할을 했어. 사제와 수도사만이 성서를 읽었는데 그건 오직 라틴어 성서만 사용되고 있었기 때문이었지. 하지만 르네상스 시대에는 아랍어와 그리스어로 된 성서가 각국의 언어로 번역되었어. 이것이 훗날 종교개혁에 결정적인 역할을 하게 된단다."

"마르틴 루터의……."

"그래, 루터도 중요한 인물이지만 종교 개혁가가 루터만 있었던 것은 아니란다. 로마 가톨릭 교회 안에서 개혁의 바람을 일으키려 한 교회 내의 종교 개혁가들도 있었지. 그 가운데 한 사람이 바로 에라스무스야."

"루터는 면죄부를 사지 않아서 가톨릭 교회와 갈라섰나요?"

"그렇기도 하지만 훨씬 더 중요한 문제가 있었어. 루터는 인간이 하느님의 용서를 받기 위해 꼭 교회나 성직자를 거칠 필요가 없다고 생각했지. 더군다나 하느님의 용서는 교회에 바치는 면죄부 값에 달려 있는 게 아니라는 거야. 그래서 16세기 중엽에는 가톨릭 교회에서도 면죄부 판매를 금지했단다."

"분명 하느님도 기뻐하셨을 거예요."

"루터는 중세 교회가 발전시킨 많은 종교적 관습이나 교리를 멀리하고, 신약 성서에 있는 본래의 기독교 정신으로 돌아가려고 했단다. 그는 '오직 성서를 통하여'라는 구호와 함께 기독교의 '기원'으로 돌아가려 했는데, 이건 르네상스 시대의 인문주의자들이 고대 그리스의 예술과 문화의 기원으로 거슬러 올라가려고 한 것과 같아. 루터는 성서를 독일어로 번역했는데, 이를 통해서 표준 독일어의 토대도 다지게 되었지. 또 누구든지 다 성서를 읽어서 어느 정도까지는 스스로 사제 역할을 수행할 수 있어야 한다고 생각했어."

"모든 사람이요? 조금 지나친 거 아닌가요?"

"루터는 성직자가 하느님과 특별한 관계를 맺고 있다고 생각하지 않았어. 물론 루터파 교회도 예배를 진행하고 일상적인 교회 업무를 수행하기 위해 성직자를 임명하지만 루터는 인간이 교회 의식을 통해서만 하느님의 구원과 용서를 받는다고 믿지는 않았어. 그는 구원이란 오직 믿음을 통해서만 인간에게 주어지는 대가 없는 '은혜'라고 보았지. 성서에 대한 연구가 루터를 이런 결론으로 이끌었던 거야."

"루터는 전형적인 르네상스 인간이군요?"

"그렇다고 할 수도 있고 아니라고 할 수도 있어. 하느님과 개인의 관계를 존중한 것은 전형적인 르네상스적 특징이라고 할 만하지. 그는 서른다섯 살에 그리스어를 배워 성서를 독일어로 번역하는 힘든 작업을 해냈어. 이처럼 모국어가 라틴어를 대신하게 되었다는 것도 르네상스 시대의 특징이지. 하지만 루터는 피치노나 레오나르도 다빈치 같은 인문주의자는 아니었어. 에라스무스 같은 몇몇 인문주의자들은 루터의 인간관이 지나치게 부정적이라고 비판했어. 루터는 인간이 원죄를 통하여 멸망 속에 빠지게 되었다는 것을 강조했거든. 오직 하느님의 은혜를 통해서만 인간은 '정당'해진다는 거야. 왜냐하면 죄의 값은 죽음이라고 성서에서 말하고 있으니까."

"듣기만 해도 우울하네요."

크녹스 선생님이 일어서서 탁자 위에 있던 구슬을 가슴에 달린 주머니에 넣었다.

"벌써 4시가 지났어요!"

소피가 외쳤다.

"인류의 역사에서, 다음에 올 중요한 시대는 바로크 시대란다. 그 얘기는 다른 날 하자꾸나, 힐데야."

"방금 뭐라고 말씀하셨어요?"

소피가 벌떡 일어났다.

"저한테 힐데라고 하셨어요!"

"말이 헛나왔구나."

"하지만 아무 이유 없이 말이 헛나올 수 있나요?"

"네 말이 맞아. 지금 힐데의 아빠가 내 입을 통해 얘기하는 것 같아. 우리가 지쳐 있는 상황을 이용하는 거겠지. 그러면 우리는 쉽게 저항할 수 없으니까."

"선생님은 힐데의 아빠가 아니라고 하셨어요. 그건 사실이라고 약속해주세요."

크녹스 선생님은 고개를 끄덕였다.

"그럼 제가 힐데인가요?"

"지금은 피곤하구나. 이해해주렴. 두 시간을 넘게 거의 나 혼자 이야기하지 않았니. 이제 너도 집으로 식사하러 가야지?"

소피는 이제 크녹스 선생님이 자기를 돌려보내고 싶어 한다고 생각했다. 문으로 가면서 선생님이 왜 자신의 이름을 잘못 불렀는지 곰곰이 생각하는데 크녹스 선생님이 소피의 뒤로 따라왔다.

거의 무대의상인 듯한 이상한 옷들이 걸린 작은 옷걸이 아래에서 헤르메스가 자고 있었다. 선생님이 헤르메스를 향해 턱짓을 하며 말했다.

"헤르메스가 널 데려다줄 거야."

"오늘 수업 고맙습니다."

소피는 발뒤꿈치를 들어 크녹스 선생님을 껴안았다.

"제가 여태까지 만났던 사람 중에서 가장 유능하고 친절한 철학 선생님이세요."

그러고는 소피가 문을 열었다.

문이 채 닫히기 전 크녹스 선생님이 말했다.

"곧 다시 만나자, 힐데야."

이 말과 함께 소피는 혼자 남겨졌다.

이름을 또 잘못 부르시다니. 다시 문을 두드리고 싶었지만 무언가가 소피를 말렸다.

거리로 나왔을 때 소피는 주머니에 돈이 하나도 없는 것을 알았다. 집 까지 그 먼 길을 뛰어가야 한다. 젠장! 6시까지 집에 못 가면 엄마가 걱 정하고 화를 내실 텐데.

몇 미터나 걸었을까, 소피는 길 위에 떨어진 10크로네를 발견했다. 교 통비는 정확히 10크로네였다.

소피는 버스 정류장으로 가서 광장으로 가는 버스를 기다렸다. 거기 서는 집까지 금방 갈 수 있다.

광장에 도착해서야 소피는 절박하게 필요한 순간에 10크로네를 발견 한 행운에 대해 곰곰 생각해보았다.

힐데의 아빠가 그곳에 놓아두었을까? 그는 물건들을 정말 터무니없 는 곳에 옮겨놓으니까 말이다.

근데 레바논에 있는 사람이 어떻게 그럴 수 있지?

또 크녹스 선생님은 왜 이름을 잘못 부른 거지? 한 번도 아니고 두 번 씩이나.

소피는 등줄기가 오싹해지는 것을 느꼈다.

바로크

...... 꿈과 같은 질료로 만들어진 ......

며칠 동안 소피는 크녹스 선생님의 소식을 전혀 듣지 못했지만, 하루에도 몇 번씩이나 정원에 나가 헤르메스를 기다렸다. 소피는 엄마에게 헤르메스가 지난번에 스스로 집을 찾아갔으며, 헤르메스의 주인인 나이많은 물리 선생님에게 차 한잔 마시러 오라는 초대를 받았다고 말했다. 선생님이 태양계와 16세기에 생겨난 새로운 과학에 대해 설명해주었다고도 말했다.

요룬에게는 더 자세한 얘기를 해주었다. 크녹스 선생님의 집을 방문한 일, 계단에 놓여 있던 우편엽서, 집에 돌아오는 길에 10크로네짜리를 주운 일에 대해서도. 그러나 꿈에서 본 힐데와 금 십자가 목걸이는 비밀로 간직했다.

5월 29일 화요일, 소피는 부엌에서 그릇의 물기를 닦아내고 있었고 엄마는 거실에서 뉴스를 보고 있었다. 그때 노르웨이 유엔 평화 유지군

소속 한 소령이 수류탄에 맞아 사망했다는 보도가 들려왔다.

소피는 마른행주를 싱크대에 던지고 거실로 뛰어나왔다. 몇 초 동안 그 유엔 장교의 얼굴이 화면에 비치더니, 곧 다음 뉴스로 넘어갔다.

"안 돼!"

소피가 소리쳤다.

엄마가 소피에게 고개를 돌렸다.

"그래, 전쟁은 끔찍한 거란다……."

소피는 울음을 터뜨렸다.

"하지만 상황이 나쁘지 않을지도 몰라."

"방송에서 이름을 말했나요?"

"응……. 그런데 생각이 안 나네. 그림스타 출신이었는데."

"그게 릴레산과 같은 거 아닌가요?"

"아니야. 너 지금 농담하는 거니."

"하지만 그림스타 출신이라면 릴레산에서 학교를 다녔을 수도 있잖아요."

소피는 울음을 그쳤다. 엄마가 소피의 말에 대꾸하며 자리에서 일어나 텔레비전을 껐다.

"무슨 일이니, 소피야?"

"아, 아무것도……."

"아냐, 뭔가 있어! 너 남자친구가 생긴 거지? 게다가 너보다 훨씬 나이가 많은가 본데, 어서 대답 좀 해봐. 레바논에 있는 남자를 알고 있니?"

"아니에요. 그건 정말 아닌데……."

"그럼 레바논에 있는 어떤 사람의 아들을 알고 있니?"

"아니에요. 들어보세요. 전 정말 그 사람 딸을 전혀 몰라요!"

"누구 얘기 하는 거니?"

"엄마와 상관없는 일이에요."

"아하, 나와 상관없다고?"

"오히려 제가 묻고 싶은 게 있어요. 어째서 아빠 늘 집에 안 계시죠? 혹시 두 분이 이혼하기가 두려워서 그냥 멀리 떨어져 계신 건가요? 엄마한테 혹시 아빠와 제가 모르는 남자 친구가 있는 건 아니죠? 또 다른 것들도 물어봐야겠어요! 우린 둘 다 서로에게 궁금한 게 많아요."

"우리 서로 얘기를 하긴 해야 할 것 같구나."

"진작 그랬어야 했죠. 하지만 지금은 너무 피곤해요. 자러 가는 게 좋겠어요. 게다가 그날이기도 하고요."

소피는 방에서 뛰쳐나왔다. 또다시 눈물이 솟구쳐 나올 것만 같았다.

욕실에서 나와 이불 속으로 들어가자마자 방으로 엄마가 들어왔다.

소피는 엄마가 속지 않을 것을 알았지만 자는 체했다. 그런 소피의 마음을 엄마도 알 것이다. 그런데도 엄마는 소피가 잠든 것처럼 행동했다. 엄마는 침대 모서리에 앉아 소피의 목덜미를 쓰다듬었다.

소피는 이중생활이 얼마나 어려운 일인지 생각해보았다. 점점 소피는 철학 수업이 어서 끝나기를 기다리게 되었다. 아마 생일 전에는, 아니면 힐데의 아빠가 돌아오는 성 세례 요한 축일까지는 끝나겠지…….

"제 생일에 파티를 하고 싶어요."

소피가 말했다.

"좋지. 그런데 누구를 초대하고 싶니?"

"많이요……. 그래도 돼요?"

"그럼. 우리 정원은 넓잖아. 그리고 아마 그때는 날씨가 좋을 거야."

"그런데 전 파티를 미루었다가 성 세례 요한 축일 전날 밤에 하고 싶어요."

"그래, 그럼 그렇게 하자."

"그날은 중요한 날이에요."

소피는 이렇게 말하면서 자신의 생일은 떠올리지 않았다.

"아……"

"전 최근에 어른이 된 것 같아요."

"그렇구나. 그런데 그게 별로 좋지 않니?"

"모르겠어요."

소피는 엄마와 이야기하는 동안 내내 베개에 머리를 묻고 있었다. 그때 엄마가 소피에게 말했다.

"하지만 소피야, 왜……. 요즘 왜 그렇게 예민한지 얘기해줄래?"

"엄만 열다섯 살 때 그러지 않으셨어요?"

"나도 물론 그랬지. 하지만 지금 내가 무엇에 대해 물어보는지 너도 알잖니?"

소피는 엄마에게 몸을 돌리면서 말했다.

"그 개 이름은 헤르메스예요."

소피가 말했다.

"그래?"

"알베르토란 사람이 그 개 주인이에요."

"아하."

"옛 시가지 아래에 살아요."

"개를 따라서 그렇게 멀리 갔었니?"

"하지만 위험할 정도로 멀진 않아요."

"그 개가 여기 자주 왔다고 했지."

"아, 그랬던가요?"

이제 소피는 곰곰이 생각해보아야 했다. 소피는 가능한 한 많이 털어놓고 싶었지만, 그래도 모든 것을 얘기할 수는 없었다.

"엄만 집에 거의 안 계시잖아요."

"그래, 할 일이 너무 많으니까."

"알베르토 크녹스 씨와 헤르메스는 벌써 이곳에 여러 번 왔었어요."

"왜? 집 안에도 들어왔었니?"

"엄마, 한 가지씩만 물어봐 주세요. 집에 들어온 적은 없어요. 크녹스 씨는 개와 함께 숲을 자주 산책해요. 근데 그게 큰 문제인가요?"

"아니, 문제될 건 없지."

"다른 사람들처럼 크녹스 씨도 산책하면서 우리 대문 앞을 지나가거든요. 한번은 제가 학교에서 돌아왔을 때, 헤르메스가 이 근처에서 냄새를 맡으며 돌아다니고 있었어요. 그래서 알베르토 크녹스 씨를 알게 된 거예요."

"흰 토끼와 다른 일들은 어떻게 된 거니?"

"그건 크녹스 씨가 얘기해준 거예요. 말하자면 크녹스 씨는 진짜 철학자예요. 저한테 철학에 관해 설명해주었어요."

"그래서 정원 울타리를 넘어 다니니?"

"아니에요, 우린 자연스럽게 거기 걸터앉았던 것 뿐이에요. 크녹스 씨는 저한테 편지도 썼어요. 그것도 아주 많이. 우편으로 보내기도 하고 크녹스 씨가 산책길에 우리 우편함에 넣기도 해요."

"그러니까 그게 저번에 말한 '연애편지'로구나!"

"연애편지는 한 통도 없었어요."

"그럼 그 사람이 철학자들에 관해서만 썼니?"

"네! 크녹스 씨에게서 제가 학교에서 8년 동안 배운 것보다 더 많은 걸 배웠어요. 예를 들어 1600년에 화형당한 조르다노 브루노에 대해 들어본 적 있으세요? 아니면 뉴턴의 만유인력의 법칙은요?"

"아니, 난 모르는 게 많구나……."

"왜 태양이 지구 주위를 돌지 않고, 지구가 태양 주위를 도는지도 전혀 모르실 거예요."

"크녹스란 사람은 대충 나이가 얼마나 됐니?"

"잘은 모르겠는데요, 분명 쉰 살쯤 됐을 거예요."

"근데 그 사람이 레바논과 무슨 관계가 있니?"

그건 더 대답하기 곤란한 질문이었다. 순간 여러 생각들이 소피 머릿속에서 떠올랐다. 그중 유일하게 써먹을 수 있는 한 가지를 선택했다.

"알베르토 크녹스 선생님의 동생이 릴레산 출신인데 유엔 평화 유지군의 소령이에요. 틀림없이 그 무렵 소령의 오두막에 살았을 거예요."

"알베르토라는 이름은 좀 드물지 않니?"

"그럴 수도 있죠."

"이탈리아 이름 같구나."

"알아요. 거의 모든 의미는 그리스나 이탈리아에서 유래하죠."

"하지만 그는 노르웨이 사람이지?"

"순수한 노르웨이 사람이에요."

"알베르토 크녹스 씨를 우리 집에 한번 초대했으면 하는데…… 지금까지 진짜 철학자를 만나본 적이 없거든."

"봐서요."

"네 생일 파티에 초대할 수도 있겠구나. 여러 세대가 함께 어울리는 것도 재미있을 텐데. 그럼 그 자리에서 나도 함께하고 음식 시중도 들어줄 수 있고, 좋은 생각 아니니?"

"크녹스 선생님이 원한다면요. 아무튼 우리 반 남자애들보다는 알베르토 크녹스 씨와 얘기하는 편이 훨씬 더 흥미로울 거예요. 하지만…… 그러면 모두들 크녹스 씨를 엄마 남자 친구로 생각할 것 같아요."

"아니라고 말하려무나."

"봐서요."

"그래, 천천히 생각해보자. 그리고 소피야, 아빠와 엄마 사이가 그리 간단하지 않다는 건 맞는 말이야. 그러나 나는 한 번도 다른 남자를 사귀어본 적이 없어……."

"이제 그만 자야겠어요. 배가 너무 아파서요."

"아스피린 줄까?"

"네."

엄마가 약과 물 한 잔을 가지고 올라왔을 때, 소피는 이미 잠들어 있었다.

5월 31일 목요일. 소피는 마지막 수업 시간을 지루하게 보내고 있었다. 철학 강의를 시작한 뒤 몇 과목 성적은 더 좋아졌다. 그 이전에도 소피는 대부분의 과목에서 A 아니면 B를 받았다. 특히 지난 몇 달 동안 사회 과목 필기시험과 작문 숙제에서 줄곧 A를 받았다. 물론 수학은 그렇게 희망적이지 않았지만…….

마지막 시간에 소피는 제출했던 작문 숙제를 되돌려 받았다. 소피는 '인간과 기술'이라는 주제로 르네상스와 새로운 과학의 출현, 새로운 자연관, "아는 것이 힘"이라고 한 프랜시스 베이컨의 말과 과학의 새로운 방법에 관해 썼다. 소피는 경험적 방법이 기술적 발명보다 더 먼저라는 점을 자세히 설명했다. 그리고 기계문명의 단점에 관해 떠오르는 대로 적었다. 그리고 끝으로 인간이 하는 모든 일은 선과 악 모두에 이용될 수 있는데, 선과 악은 늘 서로 꼬여 있어서 가끔은 풀 수 없을 정도로 촘촘하게 얽힌 검정 실과 흰 실과도 같다고 적었다.

작문 공책을 나누어주던 선생님은 소피 쪽을 힐끗 쳐다보며 예리한 눈빛으로 고개를 가볍게 끄덕였다.

소피의 작문은 제일 좋은 점수인 A+를 받았다. 선생님은 그런 건 다 어떻게 알았냐고 물었다.

소피는 사인펜을 집어 커다란 글씨로 공책에 적었다.

'철학을 공부하고 있어요.'

소피가 공책을 덮으려는데 갑자기 공책 사이에서 뭔가 툭 떨어졌다. 레바논에서 온 그림엽서였다.

소피는 고개를 숙이고 엽서를 읽어 내려갔다.

사랑하는 힐데야! 네가 이 엽서를 읽을 때는 이 아래쪽에서 일어난 비극적인 사망 사건에 대해 이미 전화로 이야기한 뒤겠지. 나는 가끔 사람들이 조금만 더 현명하게 생각한다면 전쟁과 폭력을 충분히 피할 수 있지 않을까 스스로

묻곤 한단다. 어쩌면 전쟁과 폭력에 저항하는 가장 좋은 방법이 이 작은 철학 강의일지도 몰라. 새로 태어나는 모든 세계시민이 모국어로 '유엔 철학 소책자'를 받아본다면 어떨까? 이 일을 유엔 사무총장에게 건의해보려고 해.

지난번 전화로 너는 네 물건들을 더 조심스럽게 간수하고 있다고 했지. 넌 정말 내가 아는 사람 중에 제일 심한 덜렁이였는데 좋은 현상이구나. 지난번에 통화한 뒤로는 딱 한 번 10크로네를 잃어버렸다고 했지. 그걸 찾을 수 있도록 내가 애써보마. 비록 난 멀리 떨어져 있지만 옛 고향에 그 일을 도와줄 사람이 한둘은 있단다. (그 10크로네를 찾으면 네 생일 선물에 동봉하마.) 그럼 안녕!

— 마음은 벌써 집으로 가는 긴 여정을 시작한 아빠가

수업이 끝날 때쯤 소피는 엽서를 다 읽었다. 머릿속에서 생각들이 다시 소용돌이쳤다.

여느 때처럼 운동장에서 요룬이 소피를 기다리고 있었다. 집으로 돌아가는 길에 책가방을 열어 요룬에게 그림엽서를 보여주었다.

"소인에 찍힌 날짜가 며칠이었어?"

요룬이 물었다.

"분명히 6월 15일일 거야……."

"아니, 잠깐만……. 여기 '1990. 5. 30'이라고 찍혀 있어."

"그럼 어젠데……. 낮에 레바논에서 사고가 일어난 다음이야."

"레바논에서 노르웨이까지 엽서가 하루 만에 오다니. 믿을 수가 없어."

"어쨌든 이 주소로는 불가능해. '힐데 묄레르 크나그에게, 소피 아문센, 푸룰리아 학교.'"

"넌 이 엽서가 우편으로 왔다고 생각해? 그리고 우편으로 온 것을 선생님이 네 공책에 끼워 넣으셨다고?"

"모르겠어. 선생님께 직접 여쭤봐야 하는지도 모르겠고."

둘은 더 이상 엽서에 관해 얘기하지 않았다.

"난 성 세례 요한 축일 전날 밤에 크게 가든파티를 열 거야."

소피가 말했다.

"남자애들도 같이?"

소피는 어깨를 들썩였다.

"그 바보 멍청이들은 초대할 필요없지."

"그래도 외르겐은 초대할 거지?"

"네가 원하면. 가든파티에 다람쥐 한 마리쯤 더 있어도 뭐 나쁘지 않겠지. 알베르토 크녹스 선생님을 초대할지도 몰라."

"완전히 미쳤구나!"

"나도 알아."

둘은 슈퍼마켓 근처에서 헤어졌다.

소피는 집에 돌아오면 제일 먼저 정원에서 헤르메스를 기다렸다. 그런데 오늘은 헤르메스가 벌써 와서 사과나무 사이를 어슬렁거리고 있었다.

"헤르메스!"

헤르메스는 잠시 그대로 서 있었다. 소피는 이 순간 무슨 일이 일어나고 있는지 정확히 알고 있었다. 헤르메스는 자기를 부르는 목소리를 듣고 소피임을 알아차렸다. 그리고 소리가 나는 곳을 둘러보고는 소피를 발견하고 이쪽을 향해 뛰어왔다. 헤르메스의 네 다리가 북채처럼 교대로 움직였다.

이 모든 것이 순식간에 일어났다.

헤르메스는 소피에게 달려와 꼬리를 살랑살랑 흔들며 무릎으로 뛰어올랐다.

"착하지, 헤르메스! 그래, 그래. 아니, 핥지 마, 앉아, 그래, 그렇지!"

소피는 현관문을 열었다. 그 순간 세레칸도 수풀 속에서 나왔다. 이 낯선 개가 고양이에겐 무서웠던 모양이다. 소피는 고양이에게 먹이를 주고, 새 모이를 모이통에다 넣고, 거북이에게는 샐러드 한 잎을 놓아주었다. 그리고 엄마에게 쪽지를 썼다.

헤르메스를 집에 데려다주려고 하는데, 7시 전에 집에 돌아올 수 없으면 전화를 드리겠다는 내용이었다.

그러고 나서 소피는 헤르메스와 시내를 걸었다. 이번엔 돈도 가져왔다. 헤르메스와 버스를 탈까 싶었지만 크녹스 선생님이 어떻게 생각할지 의문이었다.

소피는 헤르메스의 뒤를 따라가면서 동물이란 무엇인지 골똘히 생각해보았다. 개와 인간의 차이점은 무엇인가? 아리스토텔레스가 그 문제에 관해 어떻게 말했는지는 알고 있었다. 인간과 동물은 중요한 공통점이 많은 자연의 생명체이다. 하지만 인간과 동물 사이에는 본질적인 차이가 하나 있는데, 그것이 바로 이성이다.

그런데 아리스토텔레스는 어떻게 그 차이를 확신할 수 있었을까?

그에 반해 데모크리토스는 인간과 동물 사이의 본질적인 차이를 인정하지 않았다. 왜냐하면 둘 다 원자로 이루어져 있기 때문이다. 또한 그는 사람이나 동물에게 불멸의 영혼이 있다고도 생각하지 않았다. 영혼은 사람이 죽을 때 사방으로 흩어지는 작은 원자로 구성되어 있다고 믿었다. 그래서 인간의 영혼이 그에게는 뇌와 분리될 수 없이 연결되어 있는 것이었다.

하지만 영혼이 어떻게 원자들로 이루어질 수 있을까? 영혼은 다른 신체 부위처럼 만질 수도 없다. 그건 그야말로 '정신적인' 어떤 것이다.

소피와 헤르메스가 시장을 가로지르자 곧 옛 시가지에 가까워졌다. 소피가 10크로네를 발견한 장소에 도착했을 때 소피는 본능적으로 땅바닥을 살폈다. 그런데 전에 10크로네를 주운 바로 그곳에 그림엽서 한 장이 그림이 보이보록 놓여 있었다. 야자수와 감귤 나무가 어우러진 정원 그림이었다.

소피는 엽서를 집어 들었다. 동시에 헤르메스가 으르렁거렸다. 소피가 엽서를 만지는 게 마음에 들지 않는 것 같았다.

엽서에는 이렇게 적혀 있었다.

사랑하는 힐데야! 삶이란 우연들로 이어진 긴 사슬이야. 네가 잃어버린 10크로네가 바로 이곳에 떨어져 있는 것도 절대 불가능한 일은 아니지. 어쩌면 그것이 릴레산 광장에서 크리스티안산행 버스를 기다리던 어떤 노부인 눈에 띄었는지도 몰라. 그 노부인이 손주들을 보기 위해 크리스티안산에서 기차를 타고 한참 가다가 몇 시간 후 이곳에서 그 10크로네 동전 한 닢을 잃어버렸을 수도 있지. 그날 늦은 오후에 바로 그 동전을, 집에 가려면 꼭 10크로네가 필요한 소녀가 주웠을 수도 있어. 아무도 알 수 없는 일이지. 하지만 정말 그런 일이 일어났다면, 신의 계시가 이 모든 일 뒤에 숨어 있는 것은 아닌지 궁금해지는구나.

— 마음은 벌써 릴레산의 오솔길에 앉아 있는 아빠로부터

추신 : 내가 분명 10크로네를 찾을 수 있게 도와주겠다고 했지.

엽서에 주소가 이렇게 적혀 있었다. '우연히 길을 지나던 분 댁의, 힐데 뮐레르 크나그에게…….' 그리고 엽서엔 6월 15일 자 소인이 찍혀 있었다.

소피는 헤르메스를 따라 계단을 한참 올라갔다. 크녹스 선생님이 문을 열자마자 소피가 말했다.

"아저씨, 비켜주시죠. 우편물입니다!"

소피는 이 순간 스스로 약간 기분이 나쁠 만한 충분한 이유가 있다고 생각했다.

크녹스 선생님은 소피를 집 안으로 들어오게 했고 헤르메스는 지난번처럼 옷걸이 아래에 엎드렸다.

"소령이 새 명함을 남겼나 보구나, 애야?"

소피는 선생님을 올려다보았다. 그제야 크녹스 선생님이 새로운 옷을 입고 있다는 것을 알아챘다.

맨 먼저 눈에 띈 것은 길고 곱슬곱슬한 가발이었다. 많은 레이스로 장식한 넓고 헐렁한 양복을 입고 있었다. 목에는 멋을 낸 실크 스카프를 두르고, 양복 위에다 빨간 망토를 걸쳤다. 다리에는 하얀 스타킹에 리본이 달린 멋진 에나멜 가죽 구두를 신었다. 전체적으로 소피에게는 루이 14세 시대의 그림들을 연상시켰다.

"바보 같네요."

소피는 크녹스 선생님에게 엽서를 건넸다.

"음……. 정말 10크로네를 오늘 이 엽서가 놓여 있던 그 자리에서 발견했니?"

"정확히 그곳이었어요."

"그자가 점점 더 뻔뻔해지는구나. 어쩌면 그게 나을지도 모를지."

"왜요?"

"그럼 그의 정체를 폭로하기가 더 쉬워질 거야. 그렇지만 이렇게 치밀한 계획은 정말 비열하다 못해 싸구려 향수 냄새처럼 역겹구나."

"향수요?"

"고상한 수법 같지만 모두 더러운 수작일 뿐이지. 자신의 하찮은 감시 방법을 신의 섭리에 비유하고 있는 거야."

선생님은 엽서를 가리키더니, 지난번처럼 갈기갈기 찢어버렸다. 소피는 선생님의 마음을 더 언짢게 하지 않기 위해 학교에서 작문 공책 사이에 끼워져 있던 엽서에 대해선 입을 다물었다.

"거실로 갈까, 사랑하는 제자야. 지금이 몇 시지?"

"4시예요."

"오늘은 17세기에 대해 이야기하자."

크녹스 선생님과 소피는 천장이 비스듬하고 채광창이 달린 방으로 들어갔다. 소피는 지난번에 다녀간 뒤로 선생님이 몇 가지 물건을 바꾸었다는 걸 알아차렸다.

책상 위에는 많지는 않지만 각양각색의 안경 렌즈를 골고루 수집해 놓은 오래된 상자가 있었다. 그리고 그 옆에는 책이 펼쳐져 있었다. 아주 오래된 책이었다.

"이게 뭐죠?" 소피가 물었다.

"르네 데카르트의 유명한 책 『방법서설』의 초판이야. 1637년에 인쇄된 책인데 내 애장품 가운데 하나란다."

"이 상자는……?"

"렌즈나 안경알을 수집해놓은 거지. 17세기 중반에 네덜란드의 철학자 스피노자가 세공한 것인데 꽤 많은 돈을 들여 샀어. 그것 역시 내가 가진 것들 중에 꽤 귀중품에 속한단다."

"제가 데카르트와 스피노자에 대해 아는 게 있다면 이 책과 렌즈의 가치를 더 잘 이해할 수 있을 거예요."

"물론 그렇지. 우선 그들이 살다간 시대를 알아볼 거야. 자, 앉자."

지난번처럼 소피는 깊숙한 안락의자에, 선생님은 소파에 앉았다. 둘 사이엔 책과 상자가 놓인 탁자가 있었다. 크녹스 선생님은 가발을 벗어 책상 위에 놓았다.

"지금부터 17세기에 관해 이야기할 텐데 이 시대를 흔히 바로크라고 해."

"바로크요? 낯선 이름이네요."

"'바로크'라는 명칭은 원래 '불규칙한 형태의 진주'를 뜻하는 'barroco'라는 말에서 유래했다고 해. 바로크 예술은 비교적 단순하고 조화로운 르네상스 시대의 예술과 달리 화려하고 대비가 풍부한 형식을 갖추었어. 17세기의 일반적 특징은 절충할 수 없는 모순들 사이의 팽팽한 긴장을 표현했다는 거야. 한편에는 삶을 긍정하는 르네상스의 세계관이 남아 있었지만, 다른 한편에는 세계를 부정하고 종교적 은둔 생활을 고집하는 정반대의 극단적 경향이 싹텄단다. 예술에서나 실제 생활에서 화려한 삶의 전개 양상을 볼 수 있는가 하면 동시에 속세를 멀리하는 수도원 운동이 일어났지."

"멋진 성과 숨겨진 수도원들을 말씀하시는 거군요."

"그렇게 말할 수도 있겠지. 바로크 시대의 구호로 '카르페 디엠(carpe diem)'이란 라틴어 속담이 있는데, 이 말은 '오늘을 즐기라'는 뜻이야. 그 밖에 많이 인용되는 라틴어 속담으로 '메멘토 모리(memento mori)'라는 말도 있는데 '죽음을 기억하라'는 뜻이었지. 미술에서도 한 그림에서 향락적인 생활을 보여주면서 동시에 아래쪽 구석에는 해골을 그려 넣기도 했어. 여러 가지 의미에서 바로크는 허영과 어리석음의 시대였어. 그러나 많은 사람들이 동전의 뒷면에도 관심을 가졌지. 그 때문에 우리 주변의 아름다운 것은 언젠가 모두 죽거나 소멸한다는 만물의 무상함도 이들에게 중요했단다."

"맞아요. 영원한 게 아무것도 없다는 건 서글픈 일이에요."

"그럼 너도 대다수의 17세기 사람들처럼 생각하는 거야. 정치적으로 볼 때도 바로크 시대는 엄청난 대립의 시대였어. 하나만 예를 들자면 유럽은 당시 전쟁 때문에 폐허가 되었지. 그중에서 가장 처참했던 것이 1618년부터 1648년까지 전 유럽을 휩쓸었던 30년 전쟁이야. 그 전쟁은 많은 소규모 전쟁들로 이루어져 있었는데, 그 누구보다도 가장 큰 피해를 본 나라는 독일이었어. 그래서 30년 전쟁의 결과로 프랑스가 점차 유럽의 지배적인 강대국으로 발전하게 되었지.

"도대체 왜 싸운 거죠?"

"개신교와 가톨릭 사이의 싸움이었지. 하지만 정치권력도 문제가 되었어."

"레바논에서처럼요?"

"그 밖에도 17세기는 사회 계급의 격차가 매우 심했어. 프랑스 귀족과 베르사유 궁전에 대해 알고 있겠지. 민중이 겪은 빈곤에 대해서도 얼마나 배웠는지 모르겠구나. 화려한 치장은 모두 권력 과시에서 비롯된단다. 바로크의 정치 상황은 동시대의 예술, 건축양식과 비교해볼 수 있어. 바로크의 건축물의 네 귀퉁이가 소용돌이무늬로 장식된 것이 많듯, 정치도 암살, 음모, 책략의 소용돌이였지."

"그때 스웨덴의 왕 중 누군가가 극장에서 저격을 당하지 않았나요?"

"구스타브 3세를 말하는 거구나. 그럼 내가 생각한 예를 알고 있다는 얘기네. 구스타브 3세 암살 사건은 1792년에 일어났지만 아주 바로크적인 상황에서였지. 그는 성대한 가면무도회장에서 암살당했단다."

"전 극장인 줄 알았어요."

"그 가면무도회가 오페라 극장에서 열렸지. 스웨덴의 바로크 시대는 근본적으로 구스타브 3세의 죽음과 함께 끝나고 말았어. 구스타브 3세 국왕의 정치는 100년 전 루이 14세 때의 프랑스와 같은 계몽 전제군주제였어. 구스타브 3세는 그 밖에도 프랑스식 의식과 미사여구를 좋아했고 허영심이 강했어. 그리고 그가 연극을 좋아했다는 점을 기억해두렴……."

"그것이 그의 운명을 결정지었군요."

"연극은 바로크 시대에 단순한 예술 형식 이상이었어. 그 시대의 첫 번째 상징이었지."

"무엇을 상징했는데요?"

"인생이지. 17세기에 '인생은 연극이다.'라는 말이 얼마나 자주 쓰였는지는 알 수 없지만 어쨌든 그 말이 아주 유행했어. 그리고 바로크 시대에 모든 종류의 무대와 기계장치를 갖춘 근대적 극장도 생겨났어. 극장에서는 인간이 만든 환상이 무대 위에 올려졌어. 그것은 무대 위의 장면

이 단순한 환상에 불과하다는 것을 드러내기 위해서였지. 이런 방식으로 연극은 인간의 삶을 상징했어. 연극으로 교만한 권세는 오래가지 못한다는 것을 보여줄 수 있었지. 삶의 비참함을 냉정하게 그려낼 수도 있었고."

"윌리엄 셰익스피어도 바로크 시대에 살았나요?"

"맞아, 그의 위대한 희곡들은 1600년경에 나왔단다. 그래서 셰익스피어는 르네상스와 바로크 시대 양쪽에 다리를 걸치고 있는 셈이지. 그런데 셰익스피어의 작품에는 이미 '인생은 연극'이라는 대사가 자주 등장했어. 예를 몇 가지 들려줄까?"

"좋아요."

"「뜻대로 하세요」라는 작품에서 셰익스피어는 이런 말을 했어.

온 세상은 무대이고 모든 여자와 남자는 단지 배우일 뿐이다. 그들은 등장했다가 다시 퇴장한다. 어떤 이는 일생동안 7막에 걸쳐 여러 역을 연기한다.

「맥베스」에선 이렇게 말했지.

인생은 걸어다니는 그림자일 뿐
짧은 순간 무대 위에 있다 사라지는
이를 악 물고 두 다리를 벌린, 가엾은 희극 배우.
들려오는 소리는,
웬 바보가 분노에 찬 큰 목소리로 이야기하는 동화다.
아무런 의미도 없다……."

"염세적이군요."

"셰익스피어는 인생은 짧다는 생각에 몰두했어. 잘 알려진 셰익스피어의 대사를 너도 들어본 적이 있지?"

"사느냐, 죽느냐, 그것이 문제로다."

"그래, 햄릿의 대사야. 어느 날 땅 위를 걷던 우리가 다음 날엔 사라져 버리는 거지."

"무슨 말인지 알겠어요. 고마워요!"

"바로크 시대의 시인들은 인생을 연극 아니면 꿈에 비유했단다. 셰익스피어는 이렇게 말했어. '우리는 꿈과 같은 질료로 만들어져 있다. 그래서 이 짧은 인생은 한순간의 잠과 같다.'"

"정말 시적이군요."

"1600년경에 태어난 스페인 작가 칼데론이 쓴 「인생은 꿈」이라는 희곡에는 이런 말이 있어.

'인생이란 무엇인가? 미친 짓! 인생이란 무엇인가? 텅 빈 물거품! 시는 한낱 그림자일까! 행복이란 드물게 주어진다. 하나의 꿈이 일생이며, 그 꿈들도 하나의 꿈이기에……'"

"어쩌면 칼데론 말이 옳을지도 몰라요. 학교에서 희곡 한 편을 읽은 적이 있어요. 「산(山)사람 예페」라는 작품이요."

"루드비그 홀베르그의 작품 말이구나. 그래, 바로크와 계몽주의에 걸쳐 있는 북유럽의 위대한 작가지."

"예페란 사람이 도랑 옆에서 잠이 들었는데…… 남작의 침대에서 눈을 떴죠. 그래서 자기가 가난한 농부였던 꿈을 꾸었다고 믿게 됐지요. 다시 남작의 침대에서 잠이 들었는데 사람들이 도랑 옆으로 옮겨놓았어요. 다시 잠에서 깨어난 예페는 자기가 남작의 침대에 누워 있던 것이 꿈이었다고 생각하게 돼요."

"홀베르그는 그런 모티프를 칼데론에게서 빌려 왔단다. 칼데론은 그것을 「아라비안 나이트」라는 아라비아 설화에서 따온 거고. 하지만 인생을 꿈에 비유하는 것은 훨씬 더 멀리, 특히 인도나 중국으로 거슬러 올라갈 수 있는 모티프란다. 옛날 중국의 현인 장자(莊子)는 언젠가 자기가 나비가 된 꿈을 꾸고서, '내가 나비 꿈을 꾼 사람인가, 아니면 지금의 꿈을 꾸고 있는 나비인가'라며 자문했어."

"어느 쪽이 맞는지 증명하기는 불가능하겠는데요."

"1647년에 나서 1707년에 죽은 노르웨이의 페테르 다스는 순수한 바로크 시인이었어. 그는 한편으로 현세의 삶을 묘사하면서, 다른 한편으로는 신만이 영원하다고 강조했지."

"신은 신이다, 모든 게 덧없더라도. 신은 신이다, 모두가 다 죽는다 해도……."

"그런데 다스는 네가 읊은 그 노래에서 북노르웨이의 문화도 묘사하고 있어. 즉 미꾸라지와 연어와 대구에 대해서도 쓰고 있는데, 이 점이 바로크 시대의 전형적인 모습이야. 한 텍스트 안에서 현실과 천상, 즉 이승과 저승을 그리고 있단다. 이 모두가 플라톤이 구체적인 감각 세계와 불변하는 이데아의 세계를 나누었던 것을 연상하게 하지."

"바로크 시대의 철학은 어땠죠?"

"역시 상반되는 사고방식들이 서로 격렬하게 맞부딪쳤다고 할 수 있지. 이미 들어서 알고 있듯이, 수많은 철학자들은 존재를 근본적으로 정신적이거나 영혼의 본질을 갖는 것으로 간주했어. 이런 입장을 관념론이라고 해. 이와 반대되는 학설을 유물론이라고 하는데, 그것은 존재의 모든 현상을 구체적인 물질로 환원시키려는 철학을 뜻하지. 유물론을 지지하는 사람들은 17세기에도 많았어. 그중에서 가장 영향력 있는 인물은 아마 영국 철학자 토머스 홉스였을 거야. 홉스는 모든 현상, 인간은 물론 동물도 오로지 물질 입자로 되어 있다고 생각했어. 인간의 의식 또는 인간의 영혼조차 뇌 안에 있는 미세한 입자의 움직임에서 생기는 거라고 생각했지."

"자신보다 2,000년 전에 살았던 데모크리토스와 같은 생각이었군요."

"관념론과 유물론은 전체 철학사에서 변함없이 맞서왔지만 두 견해가 바로크 시대처럼 같은 시대에 그토록 극명하게 대립한 경우는 매우 드물지. 유물론은 새로운 자연과학에 의해 지속적으로 새롭게 보강되었단다. 뉴턴은 전 우주 어디에서나 동일한 운동의 법칙이 적용된다는 걸 증명했지. 또 자연, 즉 지상은 물론 우주에서 일어나는 모든 변화는 바로 중력의 법칙과 물체의 운동 법칙 때문이라고 설명했어. 그러므로 모든 것은 변하지 않는 동일한 법칙성이나 동일한 역학에 의해 조종돼. 따라서 원칙적으로 우리는 자연에서 일어나는 모든 변화를 수학적으로 정확하게 계산할 수 있어. 이렇게 뉴턴은 이른바 기계론적 세계관의 마지막 초석을 세웠던 것이지."

"뉴턴은 세계를 거대한 기계로 생각했나요?"

"그렇단다. '기계적'이란 말은 기계를 의미하는 그리스어 '메카네(méchané)'에서 유래했어. 하지만 우리가 깨달아야 하는 건 홉스도 뉴턴도 기계론적 세계상과 신에 대한 믿음 사이의 모순을 인식하지 못했다는 거야. 이 사실은 18세기와 19세기의 모든 유물론자들에게 해당하는 말은 아니지. 프랑스의 의사이자 철학자인 라메트리는 18세기 중반 『인간기계론』이라는 제목의 책을 발표했어. '인간은 완벽한 기계'라는 뜻이지. 그는 걷는 데 필요한 다리 근육이 있듯이, 뇌에도 사유를 위한 '근육'이 있다고 했어. 이후 프랑스의 수학자 라플라스는 더 극단적인 기계론적 견해를 털어놓았어. 즉 '지성이 일정한 시점에 있는 모든 물질 입자의 위치를 알면, 불확실한 것은 없고, 과거와 마찬가지로 미래가 눈앞에 환히 열려 손 안의 카드 패와 같을 것이다', 이러한 사유를 결정론적 세계관이라고 해."

"그럼 인간에겐 자유의지가 전혀 없겠네요."

"맞아. 모든 것을 기계적 진행 과정의 산물로 보는 것이지. 우리의 생각과 꿈도 말이야. 19세기 독일의 유물론자들은 생각과 뇌의 관계는 소변과 신장의 관계나 담즙과 간의 관계와 같다고 주장했지."

"하지만 소변과 담즙은 물질이고, 생각은 그렇지 않잖아요."

"핵심을 잘 지적했구나. 그런 생각을 표현한 이야기를 하나 해주지. 한번은 러시아에서 우주 비행사와 뇌 전문가가 종교에 관한 토론을 벌였어. 뇌 전문가는 기독교인이었고, 우주 비행사는 아니었지.

'전 바깥 우주 세계에 자주 가봤어요. 하지만 신은커녕 천사도 보지 못했죠'

우주비행사가 뽐내며 말했어.

그러자 '전 지능이 높은 뇌를 여러 번 수술해봤지만, 어디에서도 단 하나의 생각도 찾아내지 못했죠.' 하고 뇌 연구가가 대답했다고 해."

"생각이 존재하지 않는다는 뜻은 아니겠죠."

"그래. 다만 사유는 절단하거나 점점 더 작은 부분으로 나눌 수 있는 물질이 아니라는 말이지. 예를 들어 환각 증세를 수술로 제거하기란 쉬운 일이 아니란다. 그러기엔 그 증상이 너무 깊은 곳에 자리하고 있거든. 그래서 17세기의 중요한 철학자인 라이프니츠는 물질과 영혼의 가장 큰 차이는 모든 물질적인 것은 점점 더 작은 입자로 쪼갤 수 있는 반면, 영혼은 쪼갤 수 없는 데 있다고 했지."

"맞아요. 영혼은 자를 수 없지요. 어떤 칼이 영혼을 자를 수 있겠어요?"

크녹스 선생님은 그저 머리를 가로저었다. 그러고 나서 둘 사이에 놓인 책상 위를 가리키며 말했다.

"17세기의 가장 중요한 두 명의 철학자는 데카르트와 스피노자야. 그들도 영혼과 육체의 관계에 대한 문제를 다루었어. 이제 이 두 철학자를 좀 더 자세히 살펴보자."

"네, 계속하세요. 그런데 7시까지 얘기가 끝나지 않으면 엄마께 전화를 드려야 해요."

데카르트

...... 그는 건축 현장의 낡은 재료들을 모두 없애고 싶었다 ......

크녹스 선생님이 자리에서 일어나 어깨에 걸쳤던 빨간 망토를 벗었다. 그것을 의자 위에 걸고 다시 소파에 편한 자세로 앉았다.

"르네 데카르트는 1596년 태어나 평생 유럽 전역을 여행했지. 그는 젊은 나이에 인간과 우주의 본질에 대한 통찰을 얻으려는 강렬한 열망에 사로잡혔어. 하지만 그는 철학을 배우고 난 뒤 다른 무엇보다 자기 자신의 무지를 깨닫게 되었단다."

"소크라테스와 비슷하네요?"

"대충 그렇다고 할 수 있지. 그리고 데카르트는 소크라테스처럼 이성만이 우리에게 분명한 인식을 줄 수 있다고 확신했어. 우리는 옛날 책에 적힌 것을 무조건 믿을 수는 없어. 우리의 감각이 알려주는 것도 신뢰할 수 없지."

"플라톤도 그런 말을 했잖아요. 이성만이 우리에게 확실한 지식을 가져다줄 수 있다고요."

"맞아. 소크라테스와 플라톤에서 시작하여 아우구스티누스를 거쳐 데카르트까지 하나의 선으로 이어져 있지. 이들은 모두 명백한 합리주의자들이며, 이성을 단 하나뿐인 확실한 인식의 근원으로 간주했어. 데카르트는 폭넓은 연구 끝에 중세부터 전수된 지식을 무조건 수용할 수는 없다는 걸 깨닫게 되었어. 아테네에 널리 퍼져 있던 일반적인 견해를 믿지 않은 소크라테스와 비교할 수 있겠지. 그럴 경우에 사람들은 어떻게 할까? 어떻게 생각하니?"

"자기만의 철학을 시작하겠지요."

"정확한 대답이야. 그래서 데카르트는 유럽 여행을 결심했단다. 소크라테스가 아테네 사람들과 대화하면서 평생을 보낸 것처럼 말이야. 데카르트 자신의 말을 빌리면, 이때부터 그는 오직 내면세계에서 혹은 '세계라는 거대한 책 속에서' 지식을 구하려고 했어. 군에 입대한 데카르트는 중부 유럽의 여러 곳을 거쳐 파리에서 몇 년을 보내고, 1629년 5월에 네덜란드를 여행했지. 그곳에서 철학에 관해 저술하면서 거의 20년을 보냈단다. 1649년에는 스웨덴의 크리스티나 여왕이 그를 초청했지만 스웨덴에 머무는 동안 폐렴에 걸려 1650년 겨울에 세상을 떠나고 말았어."

"그때가 겨우 쉰네 살이었군요!"

"하지만 데카르트는 죽은 뒤에도 철학에 막대한 영향을 끼쳤어. 데카르트를 근대 철학의 창시자라고 부른다 해도 과장이 아니야. 자연과 인간에 관한 새로운 발견에 도취된 르네상스 시대 이후, 또다시 동시대의 사유를 서로 연관된 하나의 철학 체계로 통합하려는 욕구가 생겨났지. 데카르트가 처음으로 체계를 세웠고, 그 뒤를 이어 스피노자와 라이프니츠, 로크와 버클리, 그리고 흄과 칸트가 등장해."

"'철학 체계'가 무슨 뜻이에요?"

"근본적으로 모든 중요한 철학적 문제들에 대한 대답을 얻으려는 철학적 이해라고 할 수 있지. 고대에 플라톤과 아리스토텔레스 같은 체계 설립자가 있었다면, 중세에는 아리스토텔레스의 철학과 기독교 신학 사이에 다리를 놓으려 한 토마스 아퀴나스가 있었어. 이어서 자연과 과학, 신과 인간에 대한 낡은 생각과 새로운 생각이 뒤엉킨 르네상스 시대가 열린 거야. 17세기에 들어서 비로소 다시 새로운 생각들을 하나의 철학 체계로 묶으려는 시도가 있었지. 그리고 이에 성공한 최초의 인물이 바로 데카르트야. 그는 '무엇이 다음 세대에 가장 중요한 철학적 과제인가'라는 문제에서 출발했어. 데카르트는 우리가 무엇을 알 수 있는지, 곧 우리 인식의 확실성에 관한 문제를 연구했어. 그가 마음에 두고 있던 두 번째 중요한 문제는 육체와 영혼의 관계야. 이 두 가지 문제가 이후 150년 동안 철학 토론을 지배했지."

"그는 시대를 앞서간 사람이었군요."

"물론 그런 문제들은 그 시대에도 제기되고 있었어. 인간이 어떻게 확실한 지식을 얻을 수 있느냐는 문제의 경우, 많은 사람들이 전적으로 철학적 회의론을 표방했지. 그들은 단순히 인간들이 아무것도 아는 게 없다는 사실에 만족해야 한다고 생각했어. 하지만 데카르트는 아니었지. 그가 그럭저럭 만족했다면 진정한 철학자가 아니었을 거야. 소크라테스와 비슷한 일이지만 데카르트 역시 소피스트들의 회의론에 불만이 있었어. 데카르트가 살아 있을 때 새로운 자연과학은 자연의 진행 과정을 아주 확실하고 정확하게 기술할 수 있는 방법을 발전시켰어. 나아가 데카르트는 철학적 성찰에 대한 확실하고 정확한 방법에 대해서도 틀림없이 생각해봤을 거야."

"알 것 같아요."

"그런데 그건 여러 문제 중 하나였고 그 밖에도 새로운 물리학은 물질의 본성에 대한, 곧 '자연에서 일어나는 물리적 과정을 결정짓는 것이 무엇인가' 하는 의문을 제기했어. 차츰 더 많은 사람들이 유물론적인 자연관에 동조했지. 하지만 물리적 세계를 점점 더 기계적으로 파악할수록 육체와 영혼의 관계에 대한 정의가 더욱 절실해졌어. 17세기 이전 철학자들은 영혼을 거의 모든 생물체에 흐르고 있는 일종의 '생명의 정신'으로 인식했어. '영혼'과 '정신'의 본래 의미는 '생명의 입김'이나 '숨'인데, 이 단어들은 거의 모두 인도·게르만어족 언어에서도 볼 수 있어. 아리스토텔레스는 영혼을 전체 유기체 안에 깃든 '생명의 원리'로 봤기 때문에 육체와 분리해서 생각할 수 없다고 여겼어. 그래서 그는 '식물의 영혼'과 '동물의 영혼'에 관해서도 얘기할 수 있었단다. 17세기에 들어 처음으로 철학자들은 영혼과 육체를 철저히 분리하기 시작했어. 그래서 동물이나 인간의 육체도 포함한 모든 물리적 대상을 기계적 과정으로 설명했지. 하지만 인간의 영혼을 '기계적 육체'의 일부라고 할 수는 없잖아? 그럼 영혼은 대체 뭘까? 더구나 '정신적인' 것이 어떻게 기계적 과정을 움직일 수 있는지도 설명해야겠지."

"아주 이상한 생각이군요."

"어째서?"

"제가 팔을 올리려고 마음먹으면 팔이 올라가죠. 제가 버스를 향해 뛰려고 하면, 바로 제 두 다리가 달리고 있어요. 때로는 슬픈 일을 생각하면 저도 모르게 눈물이 주르륵 흐르기도 해요. 그러니까 육체와 정신 사이에는 어떤 신비한 결합이 있는 것 같아요."

"데카르트는 바로 그런 문제에 관해 깊이 고민했어. 플라톤처럼 데카르트도 정신과 물질 사이에 명확한 경계가 있다고 확신했지만 플라톤은 '정신이 육체에 어떻게 영향을 미치는가?' 또는 '영혼이 육체에 영향을 주는가'라는 질문에는 답하지 못했어."

"저도 그래요. 그래서 데카르트가 무엇을 알아냈는지 너무 궁금해요."

"데카르트의 말을 들어보자!"

선생님은 탁자 위의 책을 가리키며 계속 말을 이어나갔다.

"데카르트는 이 소책자 『방법서설』에서 '철학자가 철학 문제를 어떠한 철학적 방법으로 풀어야 하는가?' 하는 문제를 제기했어. 이미 자연과학은 나름대로 새로운 방법을 발전시켜나갔지만……."

"그 말씀은 벌써 하셨어요."

"우선 데카르트는, 우리가 어떤 것이 참인지를 명확하고 분명하게 인식할 수 없다면, 어떤 것도 참으로 간주해선 안 된다고 설명했어. 그런데 진리를 깨닫기 위해서는 복잡한 문제를 가능한 한 많은 부분으로 나누어야만 한다고 생각했지. 그러면 우리는 가장 단순한 사유에서 출발할 수 있게 돼. 어쩌면 네가 생각 하나하나의 '무게를 달고 치수를 잰다'고 말할 수도 있겠지. 갈릴레이가 모든 것을 재야 하고 잴 수 없는 것도 잴 수 있게 만들어야 한다고 했던 것처럼 말이야. 이런 식으로 데카르트는 철학자란 단순한 것에서 출발하여 복잡한 문제로 사유를 전개해서 새로운 것을 알아낼 수 있어야 한다고 생각했지. 이 과정에서 끝까지 지속적인 검토와 교정을 통해 빠뜨린 것이 없는지 고쳐나가야 하는 거고. 그는 그런 과정을 통해서만 철학적 결론에 도달할 수 있다고 생각했어."

"계산 문제 같아요."

"그래, 데카르트는 이 '수학적 방법'을 철학적 성찰에도 적용하려고 했단다. 철학적 진리를 어느 정도 수학 명제와 같은 방법으로 증명하려고 한 거야. 우리가 숫자로 계산할 때 이용하는 도구를 철학에도 적용하려고 했는데, 그게 바로 이성이란다. 이성만이 우리에게 확실한 인식을 줄 수 있기 때문이지. 감각에 의존하는 것은 확실하지가 않으니까. 데카르트와 플라톤은 서로 닮은 점이 있다고 했었지? 플라톤도 수학과 비율이 우리의 감각이 말해주는 것보다 확실한 인식을 전달한다고 말했단다."

"하지만 그런 방법으로 철학적 문제에 답할 수 있을까요?"

"데카르트가 내린 결론으로 되돌아가면, 그의 철학 목표는 존재의 본질에 대한 확실한 지식을 얻는 것이었어. 그리고 그는 모든 것을 의심해야 한다고 밝힌 최초의 철학자였지. 그는 자기의 철학 체계를 모래 위에 세우고 싶지 않았던 거야."

"기초가 약하면 집이 무너질 수 있으니까요."

"그렇고말고. 데카르트는 모든 것을 의심하는 것이 바람직하다고 생각하지는 않았지만, 우리는 원칙적으로 모든 것을 의심해볼 필요는 있어. 플라톤과 아리스토텔레스를 읽는 것이 우리의 철학적 탐구에 큰 보탬이 될지는 확실하지 않아. 역사적 지식을 쌓을 수는 있겠지만, 세계에 대한 경험을 넓히지는 못할 거야. 따라서 그는 자신의 철학 연구를 시작하기 전에 그 이전의 사유를 모두 물속으로 던져버렸지."

"새 집을 짓기 전에 건축 현장의 낡은 재료들을 모두 없애고 싶었던 거군요?"

"그렇지. 새로운 생각을 수용할 건물을 튼튼하게 짓기 위해 새롭고 견고한 건축 재료만을 사용하려고 했던 거야. 데카르트의 의심은 더 깊숙한 곳까지 파고들었어. 즉 우리의 감각이 전달하는 것도 믿을 수 없다고 생각했지. 감각이 우리를 속일 수도 있으니까."

"그럴 수도 있나요?"

"우리는 꿈을 꾸면서 실제로 체험한다고 느끼기도 해. 그런데 깨어 있을 때의 감각과 꿈속에서의 감각을 구분할 수 있을까? 데카르트는 '그일을 깊이 생각해봤지만 깨어 있는 상태와 잠든 상태를 확실히 구분할만한 특징을 찾아내지 못했다'고 말했어. 그리고 '그 두 상태는 굉장히 비슷해서, 당황한 나머지 순간 내가 꿈을 꾸고 있는지 깨어 있는지 알 수 없었다'고 했지."

"산 사람 예페도 남작의 침대에 누워 있었던 일을 꿈이라고 생각했었죠."

"남작의 침대에 누워 있을 때는 가난한 농부로 산 자기 인생을 꿈이라고 생각했지. 데카르트는 그렇게 모든 것을 의심했어. 그런데 데카르트 이전의 많은 철학자들은 이 지점에서 그들의 철학적 고찰을 끝내버렸지."

"그들에겐 특별한 진전이 없었겠네요."

"반면 데카르트는 바로 그 아무것도 없는 지점에서 한 걸음 더 나아갔어. 그는 자기가 모든 것을 의심하고 있으며 이것이 자기가 확신할 수 있는 유일한 것이라는 인식에 도달하게 됐지. 이것이 그가 신뢰할 수 있는 단 하나의 사실이야. 그가 의심하고 있다는 것. 그리고 그가 의심한다는 건 그가 생각한다는 사실도 확실해지지. 데카르트 자신의 말을 빌리자면 '코기토 에르고 숨(cogito ergo sum)'이라고 할 수 있어."

"무슨 뜻이죠?"

"'나는 생각한다, 고로 나는 존재한다'라는 말이야."

"데카르트의 그런 결론은 별로 특별한 것 같지 않은데요."

"그렇겠지. 하지만 데카르트가 얼마나 직관적인 확실성을 가지고 갑자기 자신을 생각하는 자아로 파악하게 됐는지 알아둬야 해. 알고 있겠지만 플라톤은 이성으로 파악한 것이 감각으로 이해한 것보다 더 확실하다고 생각했어. 데카르트도 마찬가지였단다. 그는 자신을 생각하는 자아로 여겼을 뿐만 아니라, 동시에 이 생각하는 자아는 우리가 감각으로 인지하는 물리적 세계보다 더 현실적이라고 이해했지. 그는 이런 관점에서 철학적 사유를 계속 발전시켜나갔어. 그의 철학 연구는 여기서 끝나지 않았어."

"계속 말씀해주세요."

"이제 데카르트는 자기가 인간적 존재라는 사실 외에도 직관적 확실성을 가지고 더 많은 것을 인식하고 있는지 곰곰이 생각해봤어. 그리고 자신이 완전한 존재에 대한 분명한 관념도 가지고 있다고 인식했지. 이건 데카르트가 항상 지녔던 관념인데, 이 관념이 자신에게서 나오지 않는다는 것은 분명한 사실이었어. 그는 완전한 존재의 관념이 불완전한 존재에서 유래할 수는 없다고 주장했어. 즉 완전한 존재의 관념은 완전한 존재 자체에서 나와야 한다는 거지. 즉 신에게서 나온다는 말이야. 그래서 생각하는 사람은 생각하는 자아여야 하듯이 신이 존재한다는 사실도 그 자체로 분명하다는 거야."

"그런데 결론이 약간 성급하다는 생각이 들어요. 처음엔 정말 신중했는데!"

"그래, 많은 사람들이 그 점을 데카르트 철학의 취약점으로 꼽아. 네가 결론이란 말을 꺼내서 하는 이야기지만, 여기선 원래 무엇을 증명하는 게 중요한 게 아니란다. 데카르트는 다만 우리 모두 완전한 존재의 관념을 가지며, 이러한 관념에는 완전한 존재가 있어야 한다는 사실이 내포되어 있다는 것을 말하고자 한 거야. 완전한 존재가 없다면 그건 더 이상 완전한 존재가 아니기 때문이지. 게다가 완전한 존재가 없다면 우리는 완전한 존재에 대한 관념을 우리가 만들어낼 수도 없고. 신의 생각은 '예술가가 자기 작품에 새겨 넣는 표시'라는 데카르트의 말처럼, 태어날 때부터 우리 마음속에 심어져 있는 본유(本有) 관념이야."

"하지만 제가 악어코끼리를 상상한다고 해도 그게 악어코끼리가 존재한다는 걸 의미하지는 않잖아요."

"데카르트라면 악어코끼리가 존재하는지 여부는 악어코끼리라는 개념에 들어 있지 않지만 '완전한 존재'라는 개념에는 이런 존재가 있다는 사실을 내포한다고 하겠지. 이건 원의 관념 속에, 원주 위의 모든 점들이 원의 중심에서 같은 거리를 두고 떨어져 있다는 사실이 포함되어 있는 것과 마찬가지야. 이 조건을 만족시키지 못하면 원이라고 할 수 없지. 마찬가지로 모든 성질들 가운데 가장 중요한 것, 즉 실존이 빠지면 완전한 존재라고 할 수 없어."

"사유의 전개 과정이 정말 특별하군요."

"명백한 '합리주의적' 사고 과정이지. 데카르트는 소크라테스와 플라톤처럼 사유와 존재 사이는 연관되어 있다고 생각했어. 어떤 것을 자세하게 생각할수록 그 존재도 더 확실해지는 거야."

"그러니까 지금까지 데카르트는 자신이 생각하는 존재라는 것과 하나의 완전한 존재라는 걸 인식한 거군요."

"이 생각에서 출발해 그는 계속 논의를 발전시켜나갔어. 외부의 현실, 예를 들어 태양과 달에 대한 모든 관념은 그저 환영일지 모르지만, 외부의 현실도 이성으로 인식할 수 있는 몇 가지 특성이 있어. 길이, 넓이 그리고 높이처럼 측정할 수 있는 수학적 관계를 예로 들 수 있지. 이성에게 이 양적인 특성들은 내가 생각하는 존재라는 사실만큼이나 분명해. 반면에 색, 냄새, 맛과 같은 질적인 특성들은 우리의 감각 기관과 얽혀 있어서 외부의 현실을 그대로 반영하지 못해."

"그럼 자연은 꿈이 아닌 거죠?"

"그렇지. 이 문제에 관해 데카르트는 다시 완전한 존재에 대한 관념에 의존했어. 이성은 외부 현실의 수학적 관계처럼 어떤 것은 아주 분명하게 인식하기도 해. 전지전능한 신이 우리를 바보 취급해서 속이지는 않을 테니까. '신에 대한 확신'에는 진정성도 포함돼. 그래서 데카르트는 이성으로 인식한 것이 현실과 일치한다는 것을 완벽하고 선한 신이 '보증'한다고 생각한 거야."

"그렇군요. 이제 데카르트는 자기가 생각하는 존재라는 것과 신이 존재한다는 사실, 그리고 외부 현실이 존재한다는 것도 알아냈군요."

"하지만 외부의 현실과 사고의 현실은 본질적으로 차이가 있어. 데카르트는 서로 다른 두 종류의 현실, 다시 말해 두 가지 실체가 존재한다고 생각했어. 하나는 생각 또는 영혼이고, 또 하나는 연장(延長) 또는 물질이야. 영혼은 의식하는 능력일 뿐, 공간을 차지하지 않아. 그래서 더 작은 부분으로 쪼개지지도 않지. 그에 비해 물질은 부피를 가지고 공간을 차지하며, 한없이 쪼개질 수 있지만 의식이 없어. 데카르트는 두 가지 실체 모두 신으로부터 생겨난 거라고 했어. 오직 신만이 자기가 아닌 다른 것으로부터 독립해서 존재할 수 있으니까. 하지만 생각과 연장이 모두 신에게서 주어진 거라면, 두 실체는 서로 전적으로 독립적이라고 할 수 있지. 생각은 물체와의 관계에서 자유롭고, 반대로 물질적 과정 역시 생각과는 별개로 작용하는 거야."

"그렇게 그는 신의 피조물을 둘로 나누었군요."

"맞아. 데카르트는 이원론자라고 불리는데 이건 그가 정신적 존재와 공간적 존재 사이에 날카로운 경계선을 그었다는 뜻이야. 예를 들어 영혼은 인간만이 가지고 있지만 반대로 동물은 전적으로 공간적 존재야. 동물의 생명과 운동은 전적으로 기계적이지. 데카르트는 동물을 일종의 복잡한 자동 기계로 간주했어. 그는 공간적 존재에 관해서는 유물론자처럼 철저하게 기계론적인 입장이었지."

"하지만 헤르메스를 기계나 자동 장치로 보는 것은 너무 이상해요. 데카르트는 분명 동물을 전혀 사랑하지 않았을 거예요. 그럼 우리도 자동 기계인가요?"

"글쎄. 데카르트는 인간은 생각하는 존재이기도 하고 공간을 차지하기도 하는 이중적 존재라는 결론을 내렸어. 그에 따르면 인간은 영혼과 공간적인 육체를 모두 갖고 있지. 아우구스티누스와 토마스 아퀴나스도 비슷한 말을 한 적이 있어. 그들은 인간이 동물처럼 육체를 갖고 있지만 천사처럼 정신도 갖고 있다고 생각했지. 데카르트는 인간의 육체를 하나의 정밀기계로 생각했어. 그러나 인간은 육체와는 무관하게 작용하는 영혼도 갖고 있지. 육체의 진행 과정에 영혼 같은 자유는 없지만 대신 자기 고유의 법칙을 따르게 돼. 그러나 이성적인 생각은 육체 안에서 일어나는 것이 아니라 공간적 존재와는 독립적인 영혼에서 일어나지. 한 가지 덧붙이자면 데카르트도 동물도 생각하는 능력이 있을 수 있다는 가능성을 배제하지는 않았어. 그러나 동물이 정말 생각할 수 있다면, 동물도 생각과 연장이라는 두 가지 특성의 결합으로 이루어져 있겠지."

"그건 아까 이야기했어요. 제가 버스를 타기 위해 뛰려고 마음을 먹으면, 제 몸이 '자동적으로' 움직이겠죠. 그래도 버스를 놓치면 눈물이 날 거예요."

"데카르트는 영혼과 육체 사이에 그런 상호 작용이 일어난다는 것을 한 번도 부정하지 않았어. 영혼이 육체 안에 자리 잡고 있는 한, 특수한 뇌의 기관 가운데 한 분비선을 통해 육체와 결합하며, 이 과정에서 물질과 정신 사이에 지속적인 상호 작용이 일어난다고 생각했지. 데카르트에 따르면 영혼은 그런 상호 작용 때문에 육체적 결핍에서 생기는 느낌과 감각으로 혼란을 겪게 돼. 하지만 데카르트의 목표는 영혼이 삶의 방향을 갖게 하는 거야. 왜냐하면 내 복통이 아무리 심해도 삼각형의 내각의 합은 언제나 180도이기 때문이지. 이런 의미에서 생각은 육체적 결핍에서 끌어 올려진 다음 '이성적으로' 등장하는 거야. 그래서 영혼은 육체로부터 완전히 독립하게 됐지. 우리의 다리는 약해지고, 등은 굽으며, 이는 빠질 수 있어. 하지만 2 더하기 2는 이성이 존재하는 한 4일 거야. 이성은 늙지도 약해지지도 않으니까. 반대로 우리의 육체는 나이를 먹지. 데카르트에게는 이성이 곧 영혼이었어. 욕구나 증오 같은 저급한 감정이나 기분은 육체적 기능과 밀접하게 결합되어 있으며, 따라서 공간적 현실과도 깊은 관련이 있다고 볼 수 있지."

"전 육체를 기계나 자동 장치와 비교한 게 이해가 안 돼요."

"그 시대에는 사람들이 스스로 작동하는 기계나 시계에 푹 빠져 있었기 때문이야. '자동 기계'라는 말도 자기 스스로 움직이는 것을 뜻하지. 그런데 스스로의 힘으로 움직인다는 것은 단지 환상일 뿐이야. 예를 들어 시계는 사람이 조립하고 태엽을 감은 것이지. 데카르트는 그런 인공 장치들이 적은 부품들로 아주 단순하게 조립되어 있음을 강조하면서, 이를 사람과 동물의 육체를 구성하는 뼈, 근육, 신경, 혈관, 정맥들과 비교했어. 그럼 신은 왜 동물이나 사람의 육체를 기계적 법칙에 따라 만들지 않았을까?"

"요즘 사람들도 '인공 지능'에 관해 얘기하죠."

"오늘날의 우리 자동 기계지. 우리는 가끔 정말 지능이 있다고 할 수 있는 기계를 만들어내기도 했어. 그런 기계들은 데카르트를 당황시켰겠지. 그는 인간의 이성이 자기가 생각했던 것만큼 자유롭고 독립적인가를 다시 의심해보게 되었을 거야. 영혼의 활동이 육체의 진행 과정만큼 별로 자유롭지 못하다고 생각하는 철학자도 있었으니까. 물론 인간의 영혼은 그 어떤 컴퓨터 프로그램보다 무한하고 훨씬 더 복잡하지만, 많은 사람들은 근본적으로 우리 영혼이 컴퓨터 프로그램과 마찬가지로 자유롭지 못하다고 생각했단다. 소피야, 네게 보여줄 게 있어."

크녹스 선생님은 방의 맞은편 끝에 있는 커다란 책상 위를 가리켰다. 거기엔 작은 컴퓨터 모니터가 있었다. 선생님이 스위치를 켜자 금방 화면 한 쪽에 'C:' 표시가 나타났다.

선생님은 'Laila'라는 글자를 입력했다.

"이건 채팅 프로그램이야."

곧 화면에 문장이 나타났다.

'안녕, 난 라일라라고 해. 편하게 앉아 있니?'

아직 채 앉지도 못했지만, 소피는 '응'이라고 입력했다. 크녹스 선생님이 의자 하나를 소피에게 밀어주었다.

이제 화면에 '넌 이름이 뭐니?'란 문장이 나타났다

'소피 아문센'이라고 입력하자 컴퓨터가 대답했다.

'클뢰베르베이엔 3번지. 만나게 돼서 반가워, 소피야. 열다섯 번째 생일을 맞게 돼서 기쁘지?'

소피는 깜짝 놀랐다. 크녹스 선생님이 소피의 어깨에 손을 얹고 말했다.

"내가 라일라에게 네 이름, 주소, 생일을 알려줬어. 새로운 사람을 소개하듯이 말이야. 보통 처음에는 다른 사람에 대한 정보를 미리 알고 싶어 하니까."

소피가 '나쁘진 않아.'라고 썼다.

'소피야, 나쁘진 않다니? 완전한 문장으로 적어야지.'

'고마워, 난 잘 지내고 있어. 몇 가지 물어봐도 되니?'

'잘 지낸다니 다행이야. 궁금한 게 뭐야?'

'넌 몇 살이니?'

'난 1988년 8월 8일, 애틀랜타에서 프로그래밍되었고 1990년 3월 28일에 노르웨이 공과대학에서 노르웨이어로 번역됐어.'

'어머!'

'완전한 문장으로 말해야 한다니까.'

'어머, 라고 한 거잖아'

'난 속어는 못 알아들어. 단어 10만 개를 알고 있는데 '어머'라는 단어는 모르겠어. 혹시 '어머니'를 말하는 거야?'

'모르겠어.'

'뭔가를 모른다는 건 일반적으로 새로운 인식에 이르는 제일 첫 단계지.'

'소크라테스가 같은 말을 했을 거야. 아니면 데카르트일 수도 있고.'

'소크라테스는 기원전 470년에서 기원전 399년까지 산 그리스의 철학자야. 더 알고 싶으면 F7을 눌러. 데카르트는 1596년부터 1650년까지 산 프랑스의 철학자고. 더 알고 싶으면 F8을 누르면 돼.'

'고마워, 충분해. 다른 걸 물어봐도 돼?'

'물론이지.'

크녹스 선생님은 활짝 웃었다.

'힐데 묄레르 크나그가 누구야?'

'힐데 묄레르 크나그는 릴레산에 살고 소피 아문센과 동갑이야.'

'넌 어떻게 알았어?'

'모르겠어. 내 하드디스크에서 발견한 거야.'

소피는 어깨 위에 올려진 선생님의 팔이 느껴졌다.

"내가 힐데에 관해 알고 있는 몇 가지를 라일라에게 입력해주었단다."

'힐데에 관해 더 아는 게 있니?'

'힐데의 아빠는 레바논에 있는 유엔 평화 유지군이야. 소령이고 자기 딸에게 우편엽서를 보내지.'

'그를 찾아줘.'

'그건 못 해. 어떤 기억 장치에도 그는 없어. 난 다른 기기에는 연결되

어 있지 않아.'

'내가 명령하겠는데, 그를 찾아!!!!!!!!'

'화났니, 소피야? 그렇게 많은 느낌표는 어쨌든 격한 감정이라는 증거야.'

'난 힐데의 아빠와 말하고 싶다고!'

'넌 의지를 조절하는 데 문제가 있구나. 너의 어린 시절에 관해 얘기하고 싶으면 F9을 눌러.'

다시 선생님이 소피의 어깨에 손을 올렸다.

"라일라가 옳아. 이건 수정 구슬이 아니란다. 라일라는 컴퓨터 프로그램일 뿐이야."

'입 닥쳐!'라고 소피가 썼다.

'네가 원한다면. 우리 만남은 겨우 13분 52초였구나. 난 우리의 모든 대화를 기억할 거야. 이제 프로그램을 끝낼게.'

다시 'C:' 표시가 화면에 나타났다.

"이제 우린 다시 공부를 시작하자."

선생님이 말했다.

그런데 벌써 소피는 새롭게 '크나그'란 철자를 누르고 있었다.

바로 다음과 같은 글이 화면에 나타났다.

'여기예요!'

이번에는 크녹스 선생님이 소스라치게 놀랐다.

'넌 누구야?' 소피가 썼다.

'알베르트 크나그 소령입니다. 복무 중인 레바논에서 바로 접속했습니다. 무슨 명령이십니까?'

"이런 끔찍한 일은 처음이야."

크녹스 선생님은 신음하듯 말했다.

"지금 이 못된 녀석이 하드디스크에 들어온 모양이야."

선생님이 소피를 의자에서 밀어내고 키보드 앞에 앉았다.

'어떻게 내 컴퓨터에 들어왔지?'

'쉬운 일입니다. 절 찾는 곳엔 꼭 함께하지요.'

'이 비열한 컴퓨터 바이러스!'

'지금 전 생일 바이러스로 나타난 겁니다. 아주 특별한 인사를 전해도 될까요?'

'고맙지만, 이미 충분히 지겹소.'

'금방 끝내겠습니다.

이 모든 일이 너를 축하하기 위한 것이란다. 사랑하는 힐데야, 진심으로 열다섯 번째 생일을 축하해. 내 사정을 이해해주겠지. 네가 어디서든 행복하길 바란다. 너를 꼭 안아주고 싶은 아빠가.'

선생님이 뭐라고 쓰기도 전에 화면에는 다시 'C:'란 표시가 나타났다.

크녹스 선생님이 "dir. knag*.*"을 입력했고, 다음 정보를 얻었다.

Knag.lib   147.643   900615   PM2:57

Knag.lil   326.439   900623   PM10:34

선생님은 "del knag*.*"을 쓰고 나서 컴퓨터를 껐다.

"그래, 지금 내가 그를 없애버렸어. 하지만 그가 어디서 다시 나타날지는 알 수 없어."

그는 화면을 쳐다보고는 덧붙여 말했다.

"가장 나쁜 건 그 이름이야. 알베르트 크나그……"

이제서야 소피는 서로 이름이 비슷하다는 걸 깨달았다. 알베르트 크나그와 알베르토 크녹스. 그러나 크녹스 선생님은 소피가 입을 뗄 수 없을 정도로 굉장히 화가 나 있었다. 두 사람은 다시 탁자로 돌아와 자리에 앉았다.

스피노자

…… 신은 꼭두각시 조종자가 아니다 ……

선생님과 소피는 오랫동안 묵묵히 앉아 있었다. 결국 소피가 선생님의 주의를 돌리려고 입을 열었다.

"데카르트는 특이한 사람이었군요. 그는 유명했나요?"

크녹스 선생님은 두 번 무겁게 숨을 내쉬고는 대답했다.

"그는 점점 큰 영향을 주기 시작했어. 그중에서도 어떤 위대한 철학자 한 사람에게 끼친 영향이 가장 중요해. 그 철학자는 바로 1632년부터 1677년까지 산 네덜란드의 바뤼흐 스피노자야."

"그 사람에 대해서도 설명해주실 건가요?"

"그래, 그러려고. 웬 군인 때문에 시간을 허비할 순 없지."

"열심히 귀 기울이고 있어요."

"스피노자는 암스테르담에 있는 유대인 공동체에 속해 있었는데, 곧 이단이라는 이유로 파문을 당했어. 그 외에도 근대의 몇몇 철학자들이 사상 때문에 조롱받고 박해를 당했지. 심지어 그를 살해하려는 계획이 실행되기도 했어. 기성 종교를 비판했다는 이유만으로 말이야. 그는 경직된 교의와 의미 없는 의식만이 기독교와 유대교의 생명을 연장시키고 있다고 생각했어. 또한 '역사-비판적' 연구 방법을 성서에 처음으로 적용했단다."

"무슨 뜻인가요?"

"스피노자는 성서의 철자 하나하나가 하느님의 영감을 받아 쓰였다는 점을 부인했어. 그리고 성서를 읽을 때는 그것이 쓰인 시대를 염두에 두어야 한다고 말했지. 이렇게 '비판적' 글읽기를 통해서 우리는 복음서와 다른 책 사이의 모순을 인식할 수 있는 거야. 신약 텍스트를 세심하게 살펴보면 하느님의 대변자라고 할 수 있는 예수를 만나게 돼. 예수의 말이 사람들을 경직된 유대교에서 해방시켜주기 때문이지. 예수는 사랑을 최고의 선으로 생각한 '이성의 종교'를 전했어. 스피노자는 여기서 하느님에 대한 사랑은 물론, 우리 인간에 대한 사랑도 언급했지. 하지만 기독교 역시 딱딱한 교의와 의미 없는 의식으로 급격히 굳어졌어."

"기독교회와 유대 교회는 그런 생각을 납득하기 어려웠을 거예요."

"상황이 점점 나빠지자 가족들도 스피노자를 돌보지 않았어. 가족들은 이단이란 이유로 그의 상속권까지 박탈했지. 하지만 역설적으로 사상의 자유와 종교적 관용을 부르짖는 몇몇 사람들이 스피노자보다 더 열심히 그를 변호했어. 많은 저항 때문에 그는 결국 완전히 철학에 전념해서 조용한 삶을 살았지. 그는 안경 렌즈를 세공하는 일로 생활비를 벌었단다. 전에 말한 것처럼 내가 그중 몇 개를 갖고 있지."

"인상적이군요."

"그가 렌즈 세공으로 생계를 유지했다는 사실은 아주 상징적이야. 철학자는 존재를 새로운 관점에서 볼 수 있어야 해. 그런데 스피노자 철학은 근본적으로 사물을 '영원의 관점'에서 관찰하려 했단다."

"영원의 관점이요?"

"그래, 소피야. 넌 네 삶을 우주와의 관계에서 바라볼 수 있니? 그러려면 너는 지금의 너와 네 삶을 실눈을 뜨고 봐야 할 거야."

"음…… 그건 쉽지 않을 것 같아요."

"네가 자연의 모든 생물 가운데 극히 작은 일부라는 걸 생각해봐. 넌 엄청나게 큰 관계에 속해 있는 거야."

"무슨 말씀이신지 이해할 것 같아요."

"너도 그걸 체험할 수 있을까? 전체 자연, 전 우주를 한눈에 파악할 수 있겠니?"

"경우에 따라서는요. 안경이 필요할지도 몰라요."

"무한한 우주뿐만 아니라 영원한 시간도 생각해볼 수 있어. 3만 년 전에 어린 소년이 독일의 라인란트 주에 살았어. 그 소년은 전 우주의 극히 작은 일부였고, 끝없이 광대한 바다 위의 작은 물결이었지. 소피, 너도 그렇게 자연의 작은 일부란다. 너와 그 어린 소년 사이에는 아무런 차이가 없지."

"어쨌든 전 지금 살아 있어요."

"그래, 그래서 넌 눈을 가늘게 뜨고 스스로를 관찰해야 하는 거란다. 3만 년 전에 넌 누구였을까?"

"이런 생각은 이단이었나요?"

"뭐……. 스피노자는 존재하는 모든 것이 자연이라고 말하면서 신과 자연을 같다고 생각했어. 그는 존재하는 만물에서 신을 보았고, 신에게서 만물의 존재를 보았지."

"그는 범신론자였군요."

"맞아. 신은 세계를 창조하거나 세계를 만들어내고 그 옆에 서 있는 것이 아니라 바로 세계 그 자체라고 생각했어. 가끔은 표현을 바꿔서 세계가 신 안에 있다고 하기도 했어. 이 말은 아레이오스 파고스 법정에서 '우리가 신 안에서 살고, 움직이며, 그 안에 있기 때문이다.'라고 한 사도 바울의 말을 인용한 거야. 이제 스피노자의 사유 과정을 그의 가장 중요한 저서 『기하학적 방법에 근거한 윤리학(에티카)』을 통해 더듬어보자."

"윤리학과…… 기하학적 방법이라고요?"

"우리 귀에는 좀 이상하게 들릴 수도 있어. 철학자들은 윤리학을 인간이 선하게 살기 위해서 어떻게 해야 하는지 다루는 학문이라고 이해했지. 이런 의미에서 소크라테스나 아리스토텔레스의 윤리학을 예로 들기도 해. 현대에 와서는 윤리학이 다른 사람에게 해를 끼치지 않기 위해 지켜야 할 몇 가지 규칙으로 바뀌어버렸지만."

"자신의 행복을 생각하는 것이 이기주의로 여겨지기 때문인가요?"

"대충 그렇단다. 스피노자의 윤리학은 삶의 지혜나 도덕 같은 의미로 이해할 수 있어."

"그런데…… '기하학적 방법에 근거한 삶의 지혜'라니요?"

"기하학적 방법은 언어나 표현 형식과 관계가 있어. 너도 알겠지만 데카르트는 수학적 방법을 철학적 성찰에도 적용하려고 했어. 그건 엄밀한 추론을 통한 철학적 반성을 뜻해. 합리주의자인 스피노자는 자신의 윤리학에서 자연법칙이 인간 생활을 조종하는 원리를 보여주면서 인간은 감정과 지각에서 벗어나야 마음의 평정을 얻고 행복해질 수 있다고 했지."

"그렇지만 자연법칙만 우리를 조종하는 건 아니잖아요?"

"그건 그렇지. 스피노자를 이해하기란 정말 어렵단다, 소피야. 아까 데카르트는 현실 세계에 생각과 연장이라는 상반되는 두 실체가 있다고 했지?"

"기억하고 있어요."

"'실체'라는 말은 대충 이렇게 이해할 수 있어. 어떤 것의 존재 근거, 즉 바탕에 놓여 있는 것 또는 존재의 모태인 거야. 하지만 데카르트는 모든 것이 생각이거나 연장이라고 생각했지."

"아까 얘기하신 거네요."

"그러나 스피노자는 이렇게 둘로 나누는 것을 받아들이지 않고 유일한 실체가 있어서 존재하는 모든 것이 거기에 속한다고 생각했어. 그 '하나'를 간단히 실체라고 하고 때로는 '신'이나 '자연'이라고 불렀단다. 스피노자가 데카르트의 이원론적 존재를 부정했기 때문에 그는 일원론자라고 해. 그것은 스피노자가 전체 자연과 모든 생물의 관계를 하나의 동일한 실체로 환원시키고 있다는 의미란다."

"그들은 서로 의견을 일치시키기 힘들었겠군요."

"데카르트와 스피노자의 견해 차이는 사람들이 말하는 것만큼 크지는 않아. 데카르트도 오직 신만이 스스로 존재한다고 주장했지. 다만 스피노자가 신과 자연 혹은 신과 피조물을 동일시했기 때문에 데카르트의 생각과 아주 동떨어지고 유대교나 기독교의 교리와도 멀어진 거란다."

"자연이 곧 신이라고 생각한 거죠."

"그러나 스피노자가 '자연'이라는 말을 사용할 때 공간적 자연만을 생각했던건 아니야. 실체, 신 또는 자연이란 존재하는 모든 것들, 그러니까 정신적인 존재도 포함하는 거야."

"그러니까 생각과 연장을 모두 포함해서요."

"그래, 정확해. 스피노자에 따르면 우리 인간은 신의 두 가지 성질 또는 발현 양식을 알고 있어. 스피노자는 이런 특성들을 신의 속성이라고 했는데 그 둘이 바로 데카르트가 말한 생각과 연장이란다. 이때 신은 생각과 연장 외에 무한히 많은 다른 속성을 지닐 수 있지만, 우리 인간은 고작 이 두 특성을 알고 있을 뿐이지."

"좋아요. 그런데 그는 정말 복잡하게 표현했네요."

"그래, 스피노자의 언어를 뚫고 이해하려면 망치와 끌이 필요할 정도야. 우리가 결국 다이아몬드처럼 명료한 사유를 찾아내리라고 위안을 삼을 수밖에."

"기다리기가 초조하네요."

"자연에 존재하는 모든 것은 생각이거나 연장이야. 예를 들어 꽃이나 헨리크 베르겔란의 시처럼, 우리가 일상생활에서 접하는 각각의 현상들은 사유와 연장이라는 속성의 서로 다른 양상이야. 양상이란 실체나 신 또는 자연이 자기를 나타내는 특정한 방식을 뜻해. 꽃은 연장이라는 속성의 한 양상이고, 이 꽃을 노래한 시는 사유라는 속성의 한 양상이지. 그러나 근본적으로 꽃과 시는 실체, 자연 또는 신이라고 하는 하나의 동일한 것에 대한 다른 표현일 뿐이지."

"와, 정말 복잡하군요!"

"스피노자는 말만 복잡할 뿐이야. 그의 단단한 언어적 표현을 뚫고 들어가면 놀라울 정도로 단순한 인식이 숨어 있는데, 그건 아주 단순하기 때문에 오히려 일상 언어를 통해서는 포착하기가 힘들지."

"그래도 전 일상어가 좋아요."

"그래. 그럼 네가 생각하기에 네가 배가 아프다면 누가 통증을 느끼는 걸까?"

"선생님이 말씀하셨다시피 저예요."

"맞아. 그럼 네가 나중에 언젠가 배가 아팠다는 사실을 기억하면, 누가 생각하는 거지?"

"그것도 저예요."

"이렇게 너는 오늘 배가 아플 수도 있고, 내일은 다른 어떤 기분에 영향을 받을 수도 있는 하나의 인격을 갖고 있어. 이런 방식으로 스피노자는 우리 주위에 있거나 우리 주위에서 작용하는 모든 물리적 사물이 신이나 자연을 나타낸다고 했어. 이건 모든 사유에 해당되기 때문에 모든 사유는 신이나 자연의 사유인 거야. 모든 것이 하나이기 때문이지. 신도 하나, 자연도 하나, 실체도 하나니까."

"하지만 제가 뭔가를 생각한다면, 그건 '제'가 생각하는 거 아니에요? 제가 움직일 때도 '제'가 움직이는 거고요. 그런데 왜 신을 끌어들이는 거죠?"

"네 반론이 마음에 드는구나. 하지만 넌 누구지? 넌 소피 아문센이야. 하지만 너는 무한하게 큰 어떤 것의 표현이기도 하단다. 넌 네가 생각하거나 네가 움직인다고 말할지 모르겠지만 너의 사유는 자연이 생각하는 것이고, 자연이 네 안에서 움직인다고 주장할 수도 있지 않을까? 문제는 어떤 렌즈를 통해 관찰하느냐에 달려 있지."

"제 스스로는 결정을 내릴 수 없다는 말씀이신가요?"

"음, 어쩌면 엄지손가락을 네 마음대로 움직일 수 있는 자유는 있을지도 몰라. 하지만 엄지손가락은 오직 그 본성에 따라서만 움직일 수 있어. 엄지손가락이 네 손에서 뛰어올라 온 방 안을 만지고 다닐 수는 없어. 너도 역시 전체 속에서 네 자리가 있는 거란다. 너는 소피지만, 신의 몸에 달린 손가락이기도 하지."

"그러니까 신이 제가 하는 모든 일을 결정한다는 건가요?"

"혹은 자연이, 아니면 자연법칙이 그렇게 한다는 거야. 스피노자는 신 혹은 자연법칙을 모든 일의 내면적 원인으로 간주했어. 신은 오로지 자연법칙을 통해서 드러나기 때문에 외부적 원인은 아니야."

"그 차이가 뭔지 잘 모르겠어요."

"신은 꼭두각시 끈을 잡아당겨 일을 결정하는 조종자가 아니야. '인형술사'는 꼭두각시를 바깥에서 조종하니까 '외부 원인'이야. 하지만 신은 세계를 그렇게 조종하지 않아. 신은 세계를 자연법칙에 따라 다루지. 이처럼 신이나 자연은 일어나는 모든 일의 내부 원인이란다. 즉 자연의 모든 일은 필연적으로 일어나는 거야. 스피노자는 이렇게 결정론적인 자연관을 갖고 있었어."

"비슷한 말씀을 하신 적이 있는 것 같아요."

"아마 스토아 학자들이 떠올랐나 보구나. 그들도 모든 일이 필연적으로 일어난다고 했지. 그래서 그들에겐 모든 사건을 '동요하지 않고' 대하는 것이 정말 중요했단다. 인간은 자기 감정에 휩쓸려서는 안 돼. 간단히 이해하자면 그것이 스피노자의 윤리학이 말하고 있는 점이야."

"그 말씀은 이해하겠어요. 하지만 제 일을 제가 결정하지 못한다는 건 마음에 들지 않아요."

"3만 년 전, 석기시대에 살았던 소년 얘기로 돌아가보자. 그 소년이 자라면 동물에게 창을 던지고, 자식을 낳아줄 여자를 사랑하겠지. 그 밖에도 그가 자기 종족의 신들을 숭배했을 거라고 확신할 수 있을 거야. 근데 너는 소년이 모든 일을 혼자 결정한다고 생각하니?"

"모르겠어요."

"아니면 아프리카에 사는 사자를 생각해 봐. 그 사자가 스스로 육식동물로 살기로 결정했다고 할 수 있을까? 그래서 약한 영양을 덮치는 걸까? 사자가 채식주의자로 사는 게 더 좋다고 결정했더라면 어땠을까?"

"아니에요. 사자는 본성에 따라 살아요."

"또는 자연법칙에 따라 살지. 너도 그렇단다, 소피야. 너도 자연이기 때문이야. 지금 너는 물론 데카르트의 이론에 따라 사자는 동물이고 자유로운 정신력을 지닌 인간이 아니라고 할 수 있겠지. 그러나 갓난아기를 생각해봐. 아기는 소리를 지르고 움직일 수 있어. 그리고 젖을 주지 않으면 바로 손가락을 빨지. 이런 젖먹이도 자유의지가 있을까?"

"아뇨."

"그럼 이 작은 아기가 언제 자유의지를 갖게 될까? 두 살배기 여자아이는 사방을 헤집고 다니며, 눈에 띄는 모든 것을 가리킬 거야. 세 살이 되면 칭얼거리며 쏘다니고, 네 살이 되면 갑자기 어둠을 무서워하기 시작해. 어디에 자유의지가 있는 걸까?"

"모르겠어요."

"열다섯 살이 되면 거울 앞에 서서 화장을 해보겠지. 이때쯤에는 혼자 결정하고 자기가 원하는 것을 알게 될까?"

"무슨 말씀이신지 알겠어요."

"그 아이가 바로 소피 아문센이고, 그건 확실해. 하지만 그 소녀는 자연의 법칙에 따라 살고 있지. 중요한 건 소녀가 하는 모든 행동 뒤에 엄청나게 복잡하고 많은 원인이 있기 때문에 스스로는 그것을 인식하지 못한다는 거야."

"이제 그만 듣고 싶어요."

"그래도 이 마지막 문제에 대답을 해야 해. 소피야, 나이가 똑같은 나무 두 그루가 커다란 정원에서 자라고 있어. 한 나무는 양지바르고 물기와 양분이 많은 땅에 있고, 다른 나무는 좋지 않은 땅의 응달에 서 있어. 둘 중 어떤 나무가 많은 열매를 맺겠니?"

"물론 성장 조건이 좋은 나무겠죠."

"스피노자 생각에 따르면 그 나무들은 자유로워. 자기의 가능성을 마음껏 실현할 수 있는 자유를 가지고 있지. 그러나 그게 사과나무라면, 그 나무는 사과나 자두 가운데 원하는 열매를 아무거나 맺을 수는 없지. 우리 인간도 마찬가지야. 예를 들어 정치적인 상황이 우리의 성장과 인격적인 발달을 저해할 수 있어. 어떤 외적인 강요가 우리를 억압할 수도 있지. 오직 우리가 우리 안의 가능성을 자유롭게 발전시킬 수 있을 때 우리는 자유로운 인간으로 살게 되는 거야. 그러나 우리도 내부의 자산과 외부 조건의 영향을 받는다는 점에서 라인란트의 석기 시대 소년이나 아프리카의 사자, 정원의 사과나무와 다르지 않아."

"이제 더 이상은 어려울 것 같아요."

"스피노자는 오직 하나의 존재만이 철저히 '자기 스스로의 원인'으로

서 완전한 자유 속에서 행동할 수 있다고 강조했어. 신이나 자연만이 이렇게 자유롭고 '필연적인' 모습을 보여주지. 사람은 외부의 강제 없이 살 수 있는 자유를 추구하지만 그것은 결코 '자유의지'를 통해 얻어지는 것이 아니야. 우리는 우리 육체에 일어나는 모든 일을 스스로 결정하지 못해. 우리의 육체는 연장(물체)이라는 속성의 한 양상이기 때문이야. 그리고 우리는 우리의 생각을 '선택'하지 못해. 그러므로 인간은 자유로운 영혼이 없는 존재야. 영혼은 기계적인 육체 안에 갇혀 있지."

"그 점이 좀 이해하기 어려워요."

"스피노자는 명예욕과 탐욕 같은 인간의 열정이 진정한 행복과 조화를 방해한다고 생각했어. 그러나 모든 것이 필연이라는 것을 인식하면, 자연 전체에 대한 직관적인 인식을 얻을 수 있어. 모든 것이 서로 관계를 맺고 있으며, 따라서 모든 것이 하나라는 사실을 분명하게 체험할 수 있지. 우리의 목표는 존재하는 모든 것을 전체적 관점에서 파악하는 거야. 이것을 스피노자는 'sub specie aeternitatis'라고 표현했어."

"그게 무슨 뜻이죠?"

"모든 것을 영원의 관점에서 본다는 거야. 우리가 그 얘기로 시작했지."

"그 얘기로 끝을 맺어야겠군요. 이제 정말 집에 가야겠어요."

크녹스 선생님은 일어나서 서가에서 커다란 과일 접시를 가져와 책상 위에 놓았다.

"가기 전에 뭐 좀 먹을래?"

소피는 바나나 하나를 집었다. 선생님은 파란 사과를 골랐다.

소피는 바나나 끝을 따서 껍질을 벗겼다.

"여기 뭔가 쓰여 있어요." 소피가 갑자기 말했다.

"어디?"

"여기, 바나나 껍질 안에요. 사인펜으로 쓴 것 같아요."

소피는 선생님에게 바나나를 보여주었다. 그가 큰 소리로 읽었다.

"내가 돌아왔어, 힐데야. 난 어느 곳에든 있단다. 생일을 진심으로 축하해!"

"정말 이상해요." 소피가 말했다.

"점점 더 기교를 부리는구나."

"그렇지만 이건…… 정말 불가능한 일이에요. 레바논에서 바나나를 재배하나요?"

선생님은 고개를 저었다.

"어쨌든 이건 먹지 않을래요."

"그냥 놔둬. 껍질을 벗기지 않은 바나나 안에 딸에게 보내는 생일 축하 인사를 써넣은 사람은 분명 정신이 이상하거나 아주 교활한 사람일 거야."

"둘 다일 거예요."

"힐데의 아빠를 교활하다고 할 순 있지만 도저히 어리석다고 할 수는 없어."

"제 생각도 그래요. 지난번에 헤어질 때도 그 사람은 선생님이 저를 갑자기 힐데라고 부르게 했어요. 그가 하려는 말을 모두 우리 입으로 하게 했어요."

"아무것도 빼놓지 말고, 모든 것을 의심해봐야지."

"모든 존재가 꿈일 수도 있으니까요."

"하지만 너무 서두르지 말자꾸나. 결국 서두르지 않는 게 모든 일을 더 간단하게 해결할 수 있지."

"이제 무슨 일이 있어도 집에 가야겠어요. 엄마가 기다리세요."

크녹스 선생님은 소피를 문까지 배웅했다. 소피가 문을 나서자 그가 말했다.

"다음에 보자, 사랑하는 힐데야!"

그리고 소피의 등 뒤에서 문이 닫혔다.

로크

······ 선생님이 교실에 들어오시기 전의 텅 빈 칠판처럼 ······

8시 반, 소피는 집에 도착했다. 약속한 시간보다 약 1시간 반이나 늦었다. 원래 약속은 아니었지만. 소피는 그저 식사를 거르고, 쪽지에다가 늦어도 7시까지는 돌아올 거라고 적어두었을 뿐이다.

"소피야, 앞으로 또 그런 일이 있으면 안 돼. 안내에 전화를 걸어 옛 시가지에 사는 알베르토라는 사람의 번호를 물어보기까지 했어. 놀림만 당했지만 말이야."

"제때 돌아오기가 쉽지 않았어요. 중요한 비밀이 밝혀지기 직전이었거든요."

"허튼소리."

"아니, 정말이에요."

"선생님을 가든파티에 초대했니?"

"아, 아뇨. 그걸 잊어버렸어요."

"이젠 내가 그 사람을 꼭 만나봐야겠어. 내일이라도 말이야. 그렇게 자주 나이 많은 남자와 만나는 건 어린 소녀에게 좋지 않아."

"알베르토 크녹스 선생님 때문에 전혀 불안해하실 필요 없어요. 아마 힐데의 아빠가 더 위험인물일 거예요."

"힐데는 또 누구니?"

"레바논에 있는 사람의 딸이에요. 지독한 악당 같아요. 어쩌면 그가 어떤 방법으로든 전 세계를 지배할지도 몰라요."

"당장 알베르토 크녹스 선생을 소개해주지 않으면, 앞으로는 못 만나게 할 거야. 적어도 어떤 사람인지 알 때까지는 마음이 편하지 않을 테니까."

문득 소피에겐 좋은 생각이 떠올랐다. 그리고 자기 방으로 뛰어 올라갔다.

"무슨 일이니?"

엄마가 뒤에서 소리쳤다.

소피는 금세 다시 거실로 돌아왔다.

"크녹스 선생님 얼굴을 당장 보여드릴게요. 이제 안심하실 수 있을 거예요."

소피는 비디오테이프를 흔들어 보이고 비디오 플레이어에 넣었다.

"그가 비디오테이프를 선물했니?"

"아테네에서……."

곧 크녹스 선생님의 모습이 화면에 어른거렸다. 크녹스 선생님이 화면에 나와 소피에게 직접 말을 걸자, 엄마는 놀라서 말문이 막힌 표정을 지었다.

그 순간 소피는 처음 비디오를 볼 때 알아챘던 것을 다시 발견했지만, 곧 잊어버렸다. 아크로폴리스에 모여 있는 한 무리의 여행객들 사이에 작은 플래카드가 높이 걸려 있었고 거기에는 '힐데'라고 적혀 있었다.

알베르토 크녹스 선생님은 아크로폴리스를 가로질러 발걸음을 옮겼다. 그는 곧 사도 바울이 아테네 사람들에게 연설하던 아레이오스 파고스 법정 앞에 모습을 드러냈다. 그리고 옛날 장터였던 자리에서 소피를 향해 몸을 돌렸다.

소피의 엄마는 자리에 앉은 채, 비디오에 관해 말문을 닫지 못했다.

"세상에, 믿을 수 없어…… 저 사람이 알베르토 크녹스니? 저기 또 흰 토끼가 있구나…… 그런데…… 그래, 정말 저 사람이 소피 네게 말을 거는구나. 난 사도 바울이 아테네에 갔었다는 건 전혀 몰랐는데……."

비디오가 갑자기 폐허에서 솟아오르는 옛 아테네를 보여주기 직전에 소피는 재빨리 비디오를 껐다. 이제 엄마에게 알베르토 크녹스 선생님을 보여드린 셈이고, 플라톤까지 소개할 필요는 없었으니까. 방 안은 조용해졌다.

"선생님, 미남이지 않아요?" 소피가 놀리듯 말했다.

"그런데 참 특이한 사람 같구나. 잘 알지도 못하는 소녀에게 비디오를 보내주려고 아테네에서 녹화를 하다니 말이야. 도대체 그가 거기 갔던 게 언제니?"

"몰라요."

"그런데 뭔가 좀……."

"네?"

"예전에 숲 속 작은 오두막에 살던 소령과 비슷한 것 같아."

"그럴지도 몰라요, 엄마."

"하지만 15년이 넘도록 아무도 그를 본 사람이 없는데."

"아마 여러 번 이사를 했을지도 모르죠, 예를 들면 아테네로요."

엄마는 고개를 저었다.

"내가 그를 봤을 때가 1970년대쯤인데, 지금 이 비디오의 알베르토 크녹스와 거의 나이가 같아 보였단다. 외국 이름이었는데……."

"크녹스요?"

"글쎄. 크녹스였던가?"

"아니면 혹시 크나그였나요?"

"아니, 솔직히 기억이 안 나는구나……. 크녹스와 크나그라니? 대체 누구를 말하는 거니?"

"한 사람은 알베르토 크녹스고요, 크나그라는 사람은 힐데의 아빠 예요."

"머리가 어지럽구나."

"먹을 거 좀 있어요?"

"고기 완자를 데워 먹으렴."

그런 일이 있은 뒤, 소피가 크녹스 선생님의 소식을 듣지 못한 채 꼭 2주가 지났다. 힐데에게 온 생일 축하 엽서를 또 받았지만, 소피의 생일이 다가오는데도 소피에겐 한 장의 축하 엽서도 없었다.

어느 날 오후 소피는 옛 시가지에 가서 크녹스 선생님 댁의 문을 두드렸다. 선생님은 없었고, 대문에 작은 쪽지가 붙어 있었다.

힐데야! 생일을 진심으로 축하해. 이제 중요한 전환점이 눈앞에 있단다. 진실의 순간이야. 그 일을 생각하면 늘 배꼽을 쥐고 실컷 웃는단다. 물론 그 일은 버클리와 관계가 있어. 정신을 바짝 차려야 해!

소피는 그 집을 나서면서 쪽지를 떼어 크녹스 선생님의 우편함에 넣었다.

아휴, 속상해! 선생님이 다시 아테네로 가신 건 아닐까? 어떻게 나 혼자 이 모든 어려운 질문을 풀게 하실 수 있지?

6월 14일 목요일, 소피가 학교에서 돌아왔을 때 헤르메스가 정원을 어슬렁거리고 있었다. 소피가 달려가자 헤르메스는 반가워서 껑충껑충 뛰어왔다. 소피는 헤르메스가 모든 수수께끼를 풀어줄 것처럼 팔로 감싸 안았다.

소피는 또 엄마에게 쪽지를 썼다. 이번에는 알베르토 크녹스 선생님의 주소도 적었다.

소피는 헤르메스와 시내를 지나가면서 내일 일을 생각했다. 소피는 자기의 생일에 대해서는 그다지 생각하지 않았다. 자기 생일 파티는 어차피 성 세례 요한 축일 전날 저녁까지 미루기로 했으니까. 내일은 힐데의 생일이다. 소피는 이날 분명 아주 이상한 일이 일어날 거라고 확신했다. 어쨌든 그때가 되면 레바논에서 오는 수많은 축하 인사도 끝이 날 것이다.

소피와 헤르메스는 광장을 가로질러 옛 시가지에 가까워졌다. 놀이터가 있는 공원을 지나갔다. 그때 헤르메스가 한 벤치 앞에서 발을 멈췄다. 소피더러 거기 앉으라는 눈치였다.

소피는 앉아서 누렁이 헤르메스의 눈을 바라보며 목덜미를 쓰다듬었다. 갑자기 헤르메스가 심하게 몸을 떨기 시작했다. 금방이라도 짖을 것 같았다.

헤르메스의 턱이 떨리기 시작했지만 으르렁거리지도 짖지도 않았다. 헤르메스가 입을 벌리고 사람의 목소리로 말했다.

"진심으로 생일 축하해, 힐데야!"

소피는 돌처럼 굳어 그 자리에 앉아 있었다. 개가 정말 소피에게 말한 것인가?

아니, 그럴 리 없다. 내내 힐데 생각을 했더니, 소피가 환청을 들은 것일 테지. 그런데 소피는 내심 헤르메스가 말을 했다고 생각했다. 더군다나 그 목소리는 울림이 풍부한 저음의 목소리였다.

그 이상한 순간은 금세 지나갔다. 마치 방금 사람의 목소리로 말한 것을 얼버무리려는 듯, 헤르메스는 시위하는 것처럼 두 번 짖더니 크녹스 선생님 댁으로 어슬렁어슬렁 걸어갔다. 집에 들어가기 전, 소피는 하늘을 올려다보았다. 하루 종일 날씨가 좋았지만 지금은 멀리서 짙은 구름이 몰려오고 있었다.

크녹스 선생님이 문을 열자마자 소피가 말했다.

"의례적인 인사는 하지 않으셔도 돼요. 선생님은 참 바보예요. 그건 선생님도 아실 거예요."

"도대체 무슨 일이니, 소피야?"

"그 소령이 헤르메스에게 말하는 걸 가르쳤어요."

"맙소사! 일이 벌써 그렇게까지 되었니?"

"네, 한번 상상해보세요."

"그런데 무슨 말을 했니?"

"세 번 안에 맞혀보세요."

"아마 '진심으로 생일 축하해'라는 말이었겠지."

"맞아요."

선생님은 소피를 집 안으로 들였다. 그는 오늘도 분장을 하고 있었다. 지난번과 크게 다르지 않았지만 오늘 의상엔 리본과 레이스 따위의 장식이 많지 않았다.

"근데 그게 다가 아니에요."

이제 소피가 입을 열었다.

"무슨 얘기니?"

"우편함에서 쪽지 보셨어요?"

"아, 그 쪽지는 내가 바로 없애버렸지."

"버클리를 생각하면 웃음을 참을 수 없다고 했어요. 도대체 이 철학자가 그렇게 매력적인 이유가 뭘까요?"

"차차 알게 되겠지."

"오늘 그 사람에 관해 말씀하실 거죠?"

"그래, 오늘이야."

선생님은 자세를 편하게 고치더니 말을 이었다.

"지난번 여기서 만났을 때 데카르트와 스피노자에 대해 얘기했지. 그들에겐 중요한 공통점이 있었어. 둘 다 분명한 합리주의자들이었거든."

"합리주의자란 이성이 중요하다고 믿는 사람이죠."

"그래, 합리주의자는 이성을 지식의 원천이라고 믿고 있지. 종종 인간의 선천적 관념을, 즉 어느 경험과도 무관하게 인간에게 내재되어 있는 본유 관념을 믿는 거야. 그런 관념과 표상이 명확해질수록 현실적 사실과 일치한다는 것도 확실해지지. 데카르트는 '완전한 존재'에 대해 분명한 관념을 가지고 있었어. 이런 관념에서 그는 신이 실제로 존재한다는 것을 추론해냈고."

"기억나요."

"이런 합리주의적 사유는 17세기 철학의 전형이었지만 중세에도 널리 퍼져 있었고. 플라톤과 소크라테스에게서도 발견할 수 있어. 그런데 이 사상은 18세기에 들어 점점 더 심한 비판을 받게 되었지. 상당수의 철학자들이 우리가 감각으로 경험하지 못한다면, 아무런 의식 내용도 갖지 못한다고 주장했기 때문이야. 그런 생각을 경험주의라고 한단다."

"오늘 얘기는 경험주의자들에 관한 것인가요?"

"그래. 가장 중요한 경험주의자 혹은 경험철학자는 로크와 버클리, 흄이야. 모두 영국인이지. 17세기의 주도적인 합리주의자들은 프랑스의 데카르트, 네덜란드의 스피노자, 독일의 라이프니츠였어. 그래서 흔히 영국의 경험주의, 대륙의 합리주의로 구분한단다."

"제가 알아듣기엔 너무 장황해요. '경험주의'가 무슨 뜻인지 다시 설명해주세요."

"경험주의자는 세계에 대한 모든 지식의 근거를, 감각이 우리에게 전달해주는 것에서 찾는단다. 경험주의적 태도를 고전적으로 형식화한 사람은 아리스토텔레스야. 그에 따르면 '먼저 감각 속에 있지 않았던 것은 의식에도 존재하지 않는다'고 했어. 이 말은 인간이 이데아의 세계로부터 선천적 관념, 즉 영원한 이데아를 타고난다는 플라톤과는 정반대야. 로크는 그 말을 인용해서 데카르트를 반대하는 데 사용했지."

"감각 속에 존재하지 않으면 의식에도 존재하지 않는다고요?"

"우리는 세계에 대해 선천적인 관념이나 표상을 가지고 있지 않아. 우리가 태어난 세계를 지각하기 전에는 세계에 대해 아무것도 알지 못하지. 그러므로 경험한 사실과 관계없는 관념이나 표상은 거짓된 표상이야. 예를 들어 우리가 '신'이나 '영원', '실체' 같은 단어를 사용할 때, 우리의 이성은 머릿속에서 헛돌고 있는 거야. 아무도 신이나 영원, 혹은 철학자들이 '실체'라고 부르는 것을 경험한 적이 없기 때문이지. 여기서 근본적으로 새로운 인식을 주지 못하는 학술 논문이 나오지. 그런 철학적 글들은 주도면밀한 내용에 논리 정연해서 깊은 인상을 줄 수는 있겠지만 사실 망상에 불과해. 17~18세기의 철학자들은 그런 학술 논문들을 많이 물려받았고 세심하게 연구해서 의미 없는 사상은 없애버렸어. 금 세광과 비교할 수 있지. 대부분 모래와 찰흙이지만 그 사이에서 때때로 금싸라기가 반짝이는 것처럼 말이야."

"그런 금싸라기들이 참된 경험인가요?"

"적어도 인간의 경험과 관계 있는 생각들이지. 영국의 경험주의자들은 인간의 모든 관념이 참된 경험으로 증명될 수 있는지 연구하는 것을 중요한 과제로 삼았어. 그런 철학자를 한 사람씩 차례차례 다루어볼 거야."

"어서 말씀하세요."

"먼저 영국인 존 로크는 1632년에 태어나 1704년까지 살았고 1690년에 발간한 중요한 저서 『인간 오성론』에서 두 가지 문제를 밝히려고 했어. 하나는 '인간은 자기의 생각과 관념을 어디에서 얻는가' 하는 것이고, 다른 하나는 '우리의 감각이 전달해주는 것을 신뢰할 수 있는가' 하는 문제였지."

"훌륭한 철학 구상이 될 금싸라기로군요."

"그래. 이제 한 문제씩 다루어보자. 로크는 우리의 모든 생각과 표상은 우리가 얻은 감각 인상에 대한 반영일 뿐이라고 확신했어. 우리가 어떤 것을 지각하기 전의 우리의 의식은 '타불라 라사(tabula rasa)', 즉 '아무 것도 쓰지 않은 칠판'과 같다는 거야."

"똑똑한 생각이군요."

"그래서 우리가 어떤 것을 감각하기 전에 우리의 의식은 선생님이 교실에 들어오기 전의 칠판처럼 비어 있다는 얘기지. 로크는 또 의식을 가구를 들여놓지 않은 방에도 비교했어. 그 방 안은 이제 우리의 감각들로 들어차기 시작해. 우리는 주변의 세계를 보고, 냄새를 맡으며, 맛을 보고, 느끼고, 듣지. 특히 어린아이는 이런 지각 작용에 아주 집중하곤 해. 그리고 이런 지각 작용을 통해 최초의 단순한 감각적 관념이 생겨나. 그러나 의식은 이런 외부의 인상들을 수동적으로 받아들이기만 하는 게 아니야. 의식 속에서도 어떤 일이 일어나고 있어. 단순한 감각적 관념들은 의식 속에서 심사숙고나 고찰 혹은 믿음이나 의심을 통하게 되지. 이런 과정에서 로크가 반영 관념이라고 부른 것이 생겨나. 그래서 로크는 '감각'과 '반영'을 구분했어. 말하자면 의식은 피동적인 수신자 역할만은 하는 게 아니라 자기가 받아들인 감각 인상을 정리하고 가공하는데, 이 과정이 반영이야. 우리는 이 부분에서 조심해야 해."

"조심하다니요?"

"로크는 우리가 오직 감각만으로 단순한 인상을 받아들인다는 것을 강조했어. 예를 들어 내가 사과를 먹을 때, 나는 그 사과 전체를 하나의 단순한 인상으로 감지해. 그러나 사실 거기서 일련의 다른 단순 인상들을 포착하는 거야. 즉 어떤 것이 초록색이고, 냄새가 신선하고, 즙이 많고, 새콤하다는 인상을 말이야. 여러 번 사과를 먹어보고 나서야 스스로 '하나의 사과'를 먹고 있다고 생각할 거야. 이렇게 해서 나는 로크식으로 말하자면, 이제 사과에 대한 복합적인 표상을 형성한 거야. 우리가 처음 사과를 먹었을 때는 그런 복합 관념이 없었어. 그러나 우리는 초록색의 무언가를 봤고, 싱싱한 과즙을 맛보았으며 냄새를 맡고 약간 신맛도 느껴봤지. 우리는 점차 여러 감각들을 묶어서 '사과', '배', '귤'이라는 개념들을 형성해낸 거야. 그러니까 이 세계에 대한 지식을 제공해주는 모든 자료는 결국 감각 기관에 의존하고 있는 셈이지. 그래서 단순한 감각 인상에 소급될 수 없는 지식은 틀린 지식이고, 따라서 비난을 받아 마땅하다는 거지."

"하지만 우리가 보고 듣고 냄새 맡고 맛보는 것이 우리가 감각하는 대상 자체와 같다는것을 확신할 수 있나요?"

"그렇기도 하고 아니기도 해. 이 문제는 로크가 대답을 구한 두 번째 질문이야. 로크는 우선 우리의 관념과 표상을 어디에서 얻게 되는지 설명했어. 그는 우리가 감각하는 그대로 세계가 실재하는지 물은 거지. 소피야, 이건 확실한 게 아니야. 서두르면 안 돼. 서두르는 건 참된 철학자들에게 유일한 금기 사항이야."

"물고기처럼 가만히 있을게요."

"로크는 여러 가지 감각을 속성에 따라서 '제1성질'과 '제2성질'로 구분했어. 이 부분에서 그는 이전의 철학자들에게, 예를 들면 데카르트에게 손을 내민 셈이지."

"설명해주세요!"

"제1성질이란 사물의 연장, 무게, 형태, 운동, 수를 말해. 그런 성질의 경우 감각이 사물의 실제 속성을 나타낸다고 확신할 수 있지. 그러나 우리는 사물의 다른 특성들도 느껴. 우리는 무엇이 달거나 시다, 파랗거나 빨갛다, 따뜻하거나 차갑다고 말해. 그런 것을 로크는 제2성질이라고 불렀어. 그러한 색, 냄새, 맛, 소리 같은 감각 인상들은 사물 자체에 내재해 있는 실제의 특성들을 나타내는 것이 아니고 단지 외부 사물의 어떤 성질이 우리 감각에 미치는 영향을 표현하는 것이란다."

"사람마다 맛에 대한 견해는 다르니까요."

"맞아. 크기와 무게 같은 1차적 성질에 관해서는 모두 의견이 일치하겠지. 그것들은 사물 자체에 내재해 있기 때문이야. 그러나 색과 맛 같은 2차적 성질은 동물에 따라, 사람에 따라 변할 수 있어. 그건 각 개인의 감각 기관이 어떻게 지각하느냐에 달려 있지."

"요룬은 귤을 먹으면서 레몬을 먹는 것 같은 표정을 지어요. 보통 '너무 시다'고 하면서 귤 한 조각 이상은 못 먹고요. 그런데 똑같은 귤을 전 아주 달고 맛있다고 느끼죠."

"서로 다른 미각을 지닌 두 사람이 같은 귤에서 얻은 감각을 묘사한 것이니까 두 사람의 말이 다 맞지도, 다 틀리지도 않아. 색에 대한 감각도 마찬가지야. 네가 싫어하는 빨간 원피스를 요룬이 좋아할 수도 있지."

"하지만 귤 모양은 누구나 둥글다고 하죠."

"그래, 귤의 맛은 사람마다 다르게 느낄 수 있지만 둥근 귤을 주사위 모양으로 느낄 수는 없지. 그 귤이 달거나 시다고 느낄 수 있지만, 무게가 200그램밖에 안 되는 귤을 8킬로그램이라고 '확인'할 수는 없는 거란다. 어쩌면 귤의 무게가 3~4킬로그램이라고 '생각'할 수 있지만, 그 경우 네 생각은 여지없이 틀린 거야. 여러 사람이 대상 하나를 놓고 무게를 추측할 때, 언제나 어떤 사람의 추측이 다른 사람의 추측에 비해 참에 더 가깝게 마련이야. 이건 사물의 숫자에도 적용돼. 예를 들면 병 안에 986알의 콩이 들어 있든지 아니든지 둘 중에 하나니까. 운동의 경우도 마찬가지야. 자동차가 움직이든지 정지해 있든지 둘 중에 하나야. 이런 것에 대해서는 맛처럼 다양한 의견이 허용되는 건 아니지."

"알겠어요."

"그러니까 '연장된 존재'에 관해서 로크는 데카르트와 마찬가지로 그것이 인간의 지성을 통해 파악할 수 있는 성질을 나타낸다고 생각했어."

"저도 동의해요."

"로크는 다른 영역에서도 '직관적' 혹은 '논증적' 지식을 인정했어. 한 예로 윤리적 원칙은 모든 사람이 갖고 있다고 주장했지. 더불어 로크는 이른바 자연권 사상을 표방했어. 자연권 사상엔 합리주의적 특징이 있어. 로크가 신이 존재한다는 인식이 인간의 이성에 내재해 있다고 믿은 것 역시 분명한 합리주의적 사고의 특징이야."

"어쩌면 그가 옳을 거예요."

"뭐가?"

"신이 존재한다는 사실 말이에요."

"물론 그렇게 생각할 수 있겠지만 그는 신의 문제를 단순히 신앙의 문제로 보지 않았어. 신에 대한 인식이 인간의 이성에서 발생한다고 생각한 거야. 그런 생각은 합리주의적 특징이야. 또 한 가지 덧붙이자면, 로크는 사상의 자유와 관용을 옹호했어. 남녀평등권을 역설하기도 했지. 여성의 종속적인 사회적 지위는 인간이 만들어낸 모순이기 때문에 인간의 힘으로 그런 불평등을 고쳐야 한다는 거야."

"전적으로 동감이에요."

"로크는 근대 철학사에서 최초로 남녀의 성 역할 문제를 다루었어. 이 문제는 나중에 존 스튜어트 밀에게 큰 영향을 미치게 돼. 밀도 남녀의 평등한 권리를 옹호한 사람이지. 로크는 아주 일찍 많은 자유주의 사상을 표명했고, 그의 사상은 18세기 프랑스 계몽주의 시대에 이르러서야 비로소 충분한 영향력을 발휘하게 되었어. 한 예로 로크는 처음으로 삼권분립의 원칙을 주장했단다."

"국가의 권력을 여러 기관이 고르게 나눠 가져야 한다는 뜻이죠."

"어떤 기관인지도 알고 있니?"

"입법을 하는 '의회', 사법을 맡은 '법원', 행정을 담당하는 '정부' 셋이에요."

"그런 삼분법은 원래 프랑스 계몽주의 철학자인 몽테스키외에게서 유래한 거야. 특히 로크가 강조한 것은 전제 정치를 방지하기 위해 입법부와 행정부가 서로 분리되어야 한다는 점이지. 로크는 모든 권력을 한 손에 쥐고 통치한 루이 14세와 같은 시대 사람이야. 루이 14세는 '짐이 곧 국가다'라고 말했어. 우리는 그를 절대 군주라고 부르지. '그의' 국가는 무법천지였어. 그런 현실 앞에서 로크는 법이 지배하는 국가가 되려면 국민의 대표가 법률을 제정하고 왕과 정부가 그 법률을 집행해야 한다고 주장했지."

흄

알베르토 크녹스 선생님은 둘 사이에 놓인 탁자를 바라보았다. 그러고는 고개를 돌려 창밖을 응시했다.

"날이 흐리죠?" 소피가 말했다.

"그래, 후텁지근하구나."

"이제 버클리 얘기를 해주실 건가요?"

"버클리는 영국의 3대 경험론자 가운데 두 번째 인물이지만 여러 가지 면에서 따로 다룰 만하기 때문에, 우선 1711년부터 1776년까지 산 데이비드 흄을 먼저 생각해보는 게 좋겠어. 오늘날 흄의 철학을 가장 중요한 경험철학으로 간주한단다. 또 위대한 철학자 임마누엘 칸트에게 철학적 영감을 주었다는 점에서 아주 중요한 인물이지."

"그런데 제가 버클리의 철학에 대해 더 큰 관심을 갖고 있다는 것은 별로 중요하지 않나요?"

"응, 그건 중요하지 않아. 흄은 스코틀랜드의 에든버러 근처에서 자랐고, 그의 부모는 그가 법률가가 되길 원했지. 그러나 흄 자신은 '철학과 보편적인 학문' 외의 다른 것엔 억제할 수 없는 혐오감을 느꼈어. 그래서 그는 프랑스의 위대한 사상가, 볼테르와 루소처럼 계몽주의 시대를 살면서 유럽을 두루 여행하고, 다시 에든버러에 정착했어. 스물여덟 살에 가장 중요한 저서인 『인간 본성에 관한 논고(인간 오성론)』를 출간했지. 흄은 이 책을 열다섯 살에 구상했다고 해."

"저도 서둘러야겠네요."

"이미 너도 구상하고 있지 않니?"

"제가 저만의 철학을 구상해낸다면, 이제까지 들어온 철학과는 아주 다른 모습일 거예요."

"어떤 점에서?"

"우선 지금까지 선생님이 말씀하신 철학자들은 모두 남자예요. 남자들은 그들만의 세계에 살고 있는 것 같아요. 하지만 제 관심은 실제 세계에 있어요. 태어나서 자라는 꽃과 동물과 아이들의 세계 말이에요. 선생님이 말씀하신 철학자들은 끊임없이 인간에 관해 언급하고, 계속 인간 본성에 관한 논문을 썼지요. 그런데 그들이 언급한 인간은 모두 중년 남자의 모습을 하고 있어요. 삶은 임신과 출산으로 시작되는데, 지금까지 그들의 철학 세계 속에는 기저귀와 아기 울음소리가 없었어요. 어쩌면 사랑과 우정이 적었던 것인지도 몰라요."

"네 말이 맞아. 그러나 어쩌면 흄이야말로 너처럼 뭔가 다른 것을 생각하려 한 철학자였을 수도 있어. 다른 누구보다도 흄은 일상적인 세계를 철학의 출발점으로 삼았어. 새로운 세계 시민인 어린이가 세계를 어떻게 체험하는지에 대해서도 큰 관심이 있었지."

"정신을 바짝 차리고 들을게요."

"흄은 경험론자로, 네 말처럼 그때까지의 남자 철학자들이 고안한 불명확한 개념과 사고 구조를 모조리 없애는 것이 자기의 과제라고 생각했지. 그 당시 중세와 17세기의 합리주의 철학에서 유래한 낡은 사상의 찌꺼기 더미가 남아 있었어. 흄은 세계에 대한 인간의 근원적 경험으로 되돌아가려 했지. 어떤 철학도 우리를 일상의 경험과 배치되는 곳으로 데려갈 수 없으며, 또한 우리가 일상의 삶에 대한 반성을 통해 얻은 것과 다른 행위 규범들을 제시할 수도 없다고 생각했지."

"지금까지 듣기에는 꽤 매력적이군요. 몇 가지 예를 들어주세요!"

"흄이 살던 당시에는 천사가 있다는 생각이 널리 퍼져 있었어. 천사라고 하면 보통 날개 달린 남자의 모습을 떠올리게 되지. 너는 지금까지 그런 모습의 천사를 본 적이 있니?"

"아뇨."

"하지만 남자의 형체는 본 적이 있지?"

"그건 바보 같은 질문이에요."

"날개도 본 적 있지?"

"물론이죠, 하지만 날개 달린 인간은 한 번도 본 적이 없어요."

"흄에 따르면, '천사'라는 것은 하나의 복합 관념이야. 그 표상은 남자와 날개라는 서로 다른 경험 표상으로부터 생긴 거야. 이 둘은 실제로는 서로 연관된 것이 아니고, 다만 인간의 환상 속에서 처음 결합된 것이지. 다른 말로 표현하면, 이 관념은 잘못되었고 불 속에 던져버려야 해. 이런 식으로 우리는 우리의 모든 사상과 관념들을 정리해야 한다는 거야. 그 이유에 대해 흄은 이렇게 말했어.

'우리는 예컨대 신학 책이나 학교에서 가르치는 형이상학 책를 하나 꺼내서 이렇게 물어봐야 할 것이다. 이 책엔 크기와 수량에 관한 추상적 사유가 있는가? 아니다. 사실과 존재에 관한, 경험에 입각한 사고 과정이 책 속에 들어 있는가? 그것도 아니다. 자, 그렇다면 책을 불 속에 던져버려라! 그 책엔 현혹과 속임수 외에 다른 것은 없으니까.'"

"아주 대담하군요."

"하지만 세계는 여전히 남아 있지. 전에 비해 세계의 윤곽은 보다 새롭고 또렷해졌어. 흄은 아직 의식 속에 사유와 반성이 자리 잡지 않은 어린애가 세계를 어떻게 체험하는지 다시 생각해봤어. 너는 지금까지 많은 철학자들이 자기만의 세계에 살았지만, 너 자신은 현실 세계에 더 관심이 많다고 했지?"

"대충 그래요."

"흄이 정확하게 그 말을 했을 수도 있어. 하지만 흄의 사유를 좀 더 정확하게 살펴보도록 하자."

"잘 들을게요."

"흄은 제일 먼저 인간이 한편으로는 인상을, 또 다른 한편으로는 관념을 가지고 있다고 했어. 인상이란 외부 현실에 대한 직접적인 감각이고, 그러한 인상에 대한 기억이 바로 관념이라고 했지."

"예를 들면요?"

"네가 뜨거운 난롯불에 화상을 입으면 직접적인 인상을 받게 되지. 그런데 너는 화상을 입었다는 사실을 훗날 기억할 수 있을 거야. 그것을 흄은 관념이라고 불렀단다. 인상과 관념의 차이는 인상이 그 인상에 대한 나중의 기억보다 더 강하고 생생하다는 데 있지. 감각적인 인상을 책의 원본이라고 한다면 관념은 빛 바랜 복사본이라고 할 수 있어. 왜냐하면 인상은 의식 속에 남아 있는 관념의 직접적인 원인이기 때문이지."

"여기까지는 알아듣겠어요."

"흄은 계속해서 인상과 관념 둘 다 단순한 것일 수도 있고 복합적인 것일 수도 있다고 강조했어. 우리가 로크 얘기를 하면서 사과에 대해 말했던 거 생각나지? 사과에 대한 직접적인 경험은 하나의 복합적인 인상이야. 따라서 이 인상으로부터 생긴 의식의 관념도 복합적이지."

"이야기 도중에 죄송하지만 그게 그렇게 중요한가요?"

"중요하냐고? 철학자들이 비록 일련의 사이비 문제들과 씨름하기는 했지만, 너까지 철학적 성찰을 꺼려서는 안 돼. 흄은 하나의 사고 과정을 근본부터 구축해나가는 것이 중요하다는 데카르트의 말에 동의했어."

"제가 졌어요."

"흄은 현실 속에는 그에 대응하는 복합적 사물이 존재하지 않음에도 불구하고 우리가 어떤 관념들을 합성할 수 있다는 사실에 주목했어. 이를 통해 자연에는 존재하지 않는 거짓된 사물의 관념이 생겨나게 되는 거지. 방금 얘기한 천사처럼 말이야. 그 전에는 악어코끼리에 대해서도 말했지. 다른 예로는 페가수스, 즉 날개 달린 말이 있어. 이 모든 경우, 우리의 의식은 관념을 마음대로 조립한 거야. 의식은 하나의 인상으로부터 날개를 가져오고, 다른 인상에서 말을 가져왔어. 모든 구성 요소는 이미 감각된 것이기 때문에 참된 인상으로서 의식의 무대에 올려지지. 의식 자신은 근본적으로 아무것도 발명하지 않아. 의식은 다만 가위와 풀을 들고 위에서 말한 방식으로 거짓된 관념들을 구성해낼 뿐이야."

"이제 그게 중요하다는 걸 알겠어요."

"좋아. 그래서 흄은 개별 관념을 하나하나 조사하려고 했어. 실제로 존재하지 않는 것들이 관념 속에서 서로 결합되어 있지 않은지 밝혀내기 위해서 말이야. 그는 '이 관념은 어떤 인상에서 유래하는가?' 하고 질문했어. 여기서 특히 중요한 건 어떠한 단순 관념에서 하나의 개념이 합성되었는지 밝히는 거야. 이렇게 해서 흄은 인간의 관념을 분석하는 비판적인 방법을 만들었고, 이 방법을 통해 우리의 생각과 관념들을 정리하려고 했어."

"한두 가지 예를 들어주세요."

"흄이 살던 시대의 사람들은 대부분 천국에 관한 확실한 관념이 있었어. 확실하고 명백한 관념은 그 자체가 그 관념에 대응하는 실제 존재에 대한 증명일 수도 있다는 데카르트의 말, 생각나지?"

"말씀드린 대로 저는 그렇게 기억력이 나쁘지 않아요."

"언뜻 떠오른 '천국'을 예로 들면, 이건 엄청나게 큰 복합 관념이야. 그 몇 가지 요소만 얘기해볼게. '천국'에는 '진주로 된 문'이 있고, '황금으로 덮인 길'이 나 있으며, '천사의 무리'들이 살고 있지. 그 밖의 다른 요소들도 많겠지만 우리는 아직 천국을 구성하고 있는 개별 요소를 모두 분석한 것은 아니야. 왜냐하면 '진주로 된 문', '황금으로 덮인 길' 또는 '천사의 무리' 같은 것도 복합 관념이거든. 천국에 관한 우리의 복합 관념이 '진주'나 '문', '길', '황금', '흰옷을 입은 사람', '날개' 같은 단순한 관념으로 이루어져 있다는 사실을 확인하고 난 후에, 비로소 우리는 단순 관념에 각각 대응하는 '단순 인상'을 우리가 경험한 적이 있는지 물어볼 수 있어."

"그런 경험은 있지만 모든 단순한 인상을 이어 붙여 하나의 환상을 만들어버리고 말았죠."

"그래, 정확한 말이야. 흄은 인간이 꿈을 꿀 때, 우리의 환상을 이루는 모든 재료들이 한 번쯤은 단순한 인상으로 우리의 의식 속에 비집고 들어왔던 거라고 했어. 한 번도 황금을 본 적이 없는 사람은 황금으로 덮인 길을 전혀 상상할 수 없지."

"흄은 정말 명석했군요. 그런데 데카르트와 신에 대한 명확한 관념은 뭐였죠?"

"그 문제에 관해서도 흄은 답을 알고 있었지. 우리가 신을 무한한 지성을 가진 지혜롭고 선한 존재로 생각한다고 하자. 그러면 우리는 무한한 지혜와 무한한 지성과 무한한 선으로 이루어진 하나의 복합적인 관념을 가지고 있는 거야. 우리가 지성이나 현명함이나 선을 한 번도 체험해보지 않았다면 절대로 신에 대한 그런 개념을 떠올릴 수 없겠지. 또 우리가 신을 강하고 의로운 아버지라고 인식한다면 '강한', '의로운' 그리고 '아버지'라는 각각의 관념이 이미 우리 의식 속에 있기 때문이야. 이런 흄의 생각에 따라 많은 종교 비평가가 다음 사실을 지적했어. 신의 개념은 우리가 어린아이일 때 아버지를 어떻게 체험했는가 하는 문제와 관련이 있다는 거야. 말하자면 아버지에 대한 관념에서 천국의 아버지, 곧 신에 대한 관념이 생겨난다는 거지."

"그것도 옳은 말이네요. 하지만 신이 무조건 남자여야 한다는 생각은 받아들일 수 없어요. 그래서 공평하게 하기 위해 종종 엄마는 '여신님, 감사합니다.'라고 말씀하시죠."

"흄은 대응하는 감각 인상으로 환원될 수 없는 모든 생각과 관념을 비판했어. 그는 오랫동안 형이상학적 사고를 지배하고 불신을 심은 무의미한 헛소리를 추방해야 한다고 했어. 그런데 우리는 일상생활 속에서 이런 개념이 참인지 거짓인지 생각해보지도 않고 아무렇게나 쓰고 있지. 예를 들어 자아의 관념 또는 인격적 실체 관념이 그런 거야. 이 관념은 데카르트 철학의 기초를 이루었고, 그의 전체 철학의 토대를 이루는 확실하고 명백한 관념이야."

"그렇다고 흄이 '나는 나'라는 사실을 부인하진 않았겠죠. 그랬다면 흄은 그냥 떠버리에 지나지 않을 거예요."

"소피야! 나는 네가 이 철학 강의에서 한 가지는 분명히 배우게 되길 바라. 그건 너무 성급한 결론을 내려선 안 된다는 거야."

"네, 말씀 계속하세요."

"아니 그럴 게 아니라, 네가 자신의 '자아'에 대해 어떻게 지각하는지 흄의 방법으로 분석해보렴."

"그럼 먼저 그 '나'의 관념이 단순 관념인지 아니면 복합 관념인지부터 알아봐야겠군요."

"그래, 어떤 결론이 나왔니?"

"제 느낌은 상당히 복합적이에요. 예를 들면 전 아주 변덕스러워요. 또 무언가를 잘 결정하지 못하고 게다가 저는 한 사람을 좋아하면서 동시에 싫어하기도 해요."

"그러니까 너의 자아 관념은 복합 관념이구나."

"네. 이제 제가 그런 자아에 일치하는 복합 인상을 지니고 있는지 제 자신에게 물어봐야겠어요. 제가 정말 복합 인상을 가지고 있을까요?"

"불확실하니?"

"저는 항상 변해요. 오늘의 저는 4년 전의 제가 아니에요. 제 기분과 스스로에 대한 관념 자체도 수시로 바뀌어요. 제가 갑자기 전혀 새로운 사람이 됐다고 느끼는 순간도 있고요."

"그러니 변함없는 인격적 실체가 있다는 건 잘못된 관념이야. 우리의 자아 관념은 실제로는 네가 절대 동시에 체험할 수 없는 각각의 인상들이 긴 사슬을 이루고 있어. 흄은 이걸 가리켜 '끊임없는 흐름과 운동 속에 있으며 엄청난 속도로 계속 이어지는 수많은 의식 내용의 다발'이라고 표현했지. 우리의 의식은 '일종의 극장'과도 같아. 무대 위에서는 수많은 의식 내용들이 뒤따라 등장하며, 왔다가 사라지고, 무수히 다양한 배열과 배치 방식에 따라 서로 뒤섞이지. 흄에 따르면, 오고 가는 생각과 느낌들의 배후나 근저에 숨어 있는 인격적 실체 따위는 없어. 의식이란 스크린 위를 지나가는 영상이야. 스크린 위의 영상은 너무 빨리 바뀌기 때문에 우리는 영화가 화면들로 이루어졌다는 것을 보지 못해. 그러나 원래 이 그림들은 서로 연관되어 있는 게 아니야. 즉, 실제로 영화는 순간들의 총합인 셈이지."

"제가 졌어요."

"그 말은 네가 변함없는 인격적 실체를 가지고 있다는 생각을 포기한다는 뜻이니?"

"네, 그런 뜻이에요."

"조금 전까지만 해도 정반대 의견이었는데! 한 가지 덧붙여야 할 것은 흄처럼 인간의 의식을 분석하고 불변하는 인격적 실체를 부정했던 사람이 이미 2,500년 전에 지구 반대편에 살고 있었다는 거야."

"그게 누구예요?"

"부처야. 표현 방법이 어찌나 비슷한지 섬뜩할 정도란다. 부처는 인간의 삶을 정신과 육체가 끊임없이 변해가는 과정의 연속이며, 이 과정에서 인간은 매 순간 새로워진다고 했지. 부처에 따르면 젖먹이는 어른과 같지 않고 오늘의 나는 어제의 내가 아니야. 어떤 것에 대해서도 나는 '그것이 나의 것'이라고 말할 수 없고, 또 어떤 것에 대해서도 '이것이 나'라고 말할 수 없어. 따라서 자아나 변치 않는 인격적 실체 따위는 없는 거지."

"놀라울 정도로 비슷하네요."

"많은 합리주의자들이 변함없는 자아에 대한 관념을 계속 발전시켜서 인간이 불멸의 영혼을 가지고 있다는 생각을 당연하게 받아들였지."

"하지만 그것 역시 잘못된 관념이겠군요."

"최소한 흄과 부처는 잘못됐다고 말했어. 부처가 죽기 직전에 자기 제자들에게 뭐라고 말했는지 아니?"

"아뇨, 제가 그걸 어떻게 알겠어요?"

"'생성된 모든 존재는 소멸하게 마련이다' 흄도 아마 똑같이 말했을 거야. 또 데모크리토스도 같은 생각을 한 것 같아. 어쨌든 우리가 알기로 흄은 영혼 불멸이나 신의 존재를 증명하려는 모든 철학적 시도를 거부했어. 이 말은 흄이 이 두 가지를 불가능한 것으로 생각했다는 게 아니라, 종교적 신앙을 인간의 이성으로 증명할 수 있으리라는 신념이 합리주의로 위장한 거짓이라는 거야. 흄은 기독교도가 아니었지만, 철저한 무신론자도 아니었어. 그는 우리가 불가지론자(不可知論者)라고 부르는 그런 사람이었지."

"그건 무슨 뜻이죠?"

"불가지론자란 신이 존재하는지 하지 않는지 모르는 사람이야. 한 친구가 임종을 맞게 된 흄을 찾아와서 죽음 뒤의 삶을 믿느냐고 물었어. 그러자 흄은 불 속에 던진 석탄이 타지 않을 수도 있다고 대답했단다."

"아……."

"조건 없이 선입견에서 벗어나려는 흄의 태도를 잘 보여주는 대답이지. 흄은 확실히 감각적으로 경험한 진리만을 받아들이고, 다른 모든 가능성을 열린 채로 놔두었어. 그는 예수에 대한 믿음이나 기적에 대한 믿음을 반박하지 않았어. 그러나 이 두 가지 경우에는 이성이 아니라 믿음이 문제일 뿐이라고 생각했어. 너는 흄의 철학이 믿음과 지식의 마지막 연결 고리를 끊었다고 말하고 싶겠지."

"그가 기적을 단정적으로 부인하지는 않았다고 말씀하셨잖아요."

"하지만 그건 그가 기적을 믿었다는 뜻도 아니야. 오늘날 인간에게는 '초자연적인 사건'이라고 하는 것을 믿으려는 강한 욕구가 있다는 사실을 강조했지. 기적이란 보통 까마득한 옛날 아니면 오래전에 일어난 일이라고들 이야기하지. 흄은 다만 자신이 체험하지 못했다는 이유 때문에 기적을 부인했어. 그러나 기적이 일어날 수 없다는 사실도 체험하지 못했지."

"좀 더 자세히 설명해주세요."

"흄은 기적을 자연법칙의 파괴라고 했어. 그러나 우리는 자연법칙을 경험했다고 주장할 수도 없어. 우리 손에 쥔 돌멩이를 놓으면 바닥에 떨어지는 걸 경험하지. 그러나 손에서 놨는데도 돌이 떨어지지 않으면, 그땐 그 사실도 경험하게 되는 거야."

"저 같으면 그것을 기적 또는 초자연적 현상이라고 부르겠어요."

"그러니까 너는 자연과 초자연, 두 가지의 자연을 믿는 거야. 합리주의자들의 궤변에 다시 말려든 것 아니니?"

"글쎄요. 하지만 저는 손에 쥐고 있던 돌을 놓으면 돌이 바닥에 떨어진다는 사실을 믿고 있어요."

"왜?"

"선생님, 이제 그런 말은 딱 질색이에요."

"나에게 질색할 게 아니야. 질문하는 건 철학자에게 절대로 잘못된 일이 아니야. 여기서 흄 철학의 요점에 관해서 이야기해야겠구나. 왜 너는 돌이 늘 바닥에 떨어진다는 사실을 그렇게 굳게 믿고 있지? 대답해보렴."

"돌이 땅으로 떨어지는 것을 자주 봤기 때문이에요."

"흄이라면 돌이 바닥에 떨어지는 것을 자주 경험했기 때문이라고 말하겠지. 하지만 너는 돌이 앞으로도 '항상 떨어지리라는 것'을 경험하지는 못했어. 일반적으로 돌은 중력 때문에 바닥으로 떨어진다고들 하지. 그렇지만 우리는 그런 법칙 자체를 경험하지는 못했어. 우리는 단지 사물들이 바닥에 떨어지는 것만 경험했을 뿐이지."

"똑같은 거 아닌가요?"

"똑같지 않아. 너는 돌이 바닥에 떨어지는 것을 자주 보았기 때문에 그것을 믿는다고 했지만 흄은 바로 그 점을 문제 삼은 거야. 너는 하나의 일이 다른 일에 뒤따르는 것을 자주 보고 그것에 익숙해져서, 급기야는 네가 돌을 떨어뜨릴 때마다 같은 일이 일어나리라고 예상한 거지. 이런 방식으로 우리가 '변함없는 자연법칙'이라고 부르는 것에 대한 관념이 생기는 거야."

"흄이 정말 돌멩이가 바닥에 떨어지지 않을 수도 있다고 말했나요?"

"그는 너와 똑같이 돌은 손에서 놓을 때마다 바닥에 떨어진다는 사실을 확신했어. 하지만 그는 돌이 왜 떨어지는지에 대해서는 경험하지 못했다는 것도 증명하려 한 거야."

"선생님, 그런데 우리 지금 아이들과 꽃에 대한 얘기에서 너무 벗어난 거 아니에요?"

"아니. 얼마든지 아이들을 흄의 주장에 대한 증인으로 끌어들일 수 있어. 만일 돌멩이 하나가 한두 시간 동안 허공에 떠서 움직이면 너랑 한 살배기 아기 중에서 누가 더 놀랄 것 같니?"

"제가 더 놀라겠지요."

"왜?"

"아마, 그게 얼마나 자연법칙에 어긋나는 일인지를 그 아기보다 제가 더 잘 이해하기 때문이겠죠."

"그러면 아기는 왜 그것을 이해하지 못할까?"

"자연이 무엇인지 아직 배우지 않았기 때문이죠."

"다른 말로, 그 아기는 아직 자연에 익숙해지지 않아서지."

"알겠어요. 그러니까 흄은 사람들이 현상을 한층 더 예리하게 인식하기를 바랐군요."

"이제 숙제를 내줄게. 만약 어느 마술사가 무언가를 공중에 뜨게 하는 마술을 하는데 너와 어린아이가 그걸 같이 본다면, 둘 중에 누가 더 즐거워할까?"

"저겠죠."

"왜?"

"그 마술이 얼마나 신기한지 아니까요."

"아기는 자연법칙을 거스르는 것에 대해 기쁨을 느끼지 못해. 왜냐하면 아직 자연법칙에 대해 배우지 못했으니까."

"그렇게도 말할 수 있군요."

"그럼 계속 흄의 경험철학의 핵심을 파악해보자. 흄은 그 아기가 아직 자기 기대에 사로잡힌 노예가 되지 않았다고 말하겠지. 따라서 어린아이는 소피 너보다 선입견을 덜 가지고 있는 거야. 우리는 아기가 가장 위대한 철학자가 아닐까 하는 생각을 해볼 수도 있어. 아기에게는 아무런 선입견이 없으니까. 소피야, 바로 이게 철학의 첫째 덕목이란다. 아기는 세계를 있는 그대로 느껴. 자기가 경험하는 것 이상의 사물에 얽매이는 일 없이 말이야."

"제가 선입견에 사로잡혀 있다니 유감이에요."

"흄은 습관의 힘을 연구할 때 특히 인과 법칙을 집중적으로 다뤘어. 인과 법칙이란 일어나는 모든 일에는 꼭 원인이 있음을 뜻해. 흄은 당구공 두 개를 가지고 설명했어. 네가 검은 공을 정지해 있는 흰 공 쪽으로 굴리면, 흰 공은 어떻게 될까?"

"움직이겠죠."

"왜 움직이지?"

"검은 공이 흰 공을 맞혔으니까요."

"이때 우리는 검은 공의 타격을 가리켜 흰 공을 움직이게 한 원인이라고 해. 하지만 우리가 명심해야 할 점은 우리가 경험한 것을 언제나 확실하게 표현해야 한다는 거야."

"저도 이미 여러 번 경험했어요. 요룬의 집 지하실에 당구대가 있거든요."

"그런데 흄의 말은, 너는 단지 검은 공이 흰 공을 맞혔다는 사실과 흰 공이 당구대 위에서 구른다는 사실만을 경험했다는 거야. 즉, 흰 공을 구르게 한 원인 자체는 경험하지 못한 거지. 너는 시간적으로 하나의 사건이 다른 사건에 뒤이어 일어난다는 것을 경험했지만, 두 번째 사건이 첫번째 사건에 근거해서 일어났다는 것을 경험한 건 아니야."

"그건 좀 억지 아닌가요?"

"아니, 아주 중요한 말이야. 흄은 한 사건이 다른 사건에 이어서 일어날 거라는 기대는 사물 자체에 있는 것이 아니라, 우리 의식 속에 있다는 점을 강조했어. 한 당구공이 다른 당구공을 맞혔는데도 둘 다 가만히 멈춰 설 경우, 아기라면 그 상황을 보고 눈을 크게 뜨지는 않겠지. 우리가 '자연법칙'이나 '원인과 결과'에 대해 말할 때, 사실은 인간적 습관에 대해 말하는 것이지 논리적으로 필연적인 것에 대해 말하는 게 아니야. 자연법칙이란 이성적인 것도 아니고 비이성적인 것도 아니야. 자연법칙이란 그냥 있는 거야. 검은 공이 흰 공을 맞히면 흰 공이 움직일 거라는 기대는 선천적으로 타고난 것이 아니야. 우리는 세계가 어떻고, 세상의 사물이 어떻게 움직이는지에 관해 아무런 관심도 기대도 갖지 않고 태어난단다. 세계는 늘 있는 그대로일 뿐이고 우리는 그것을 차례차례 경험해나가는 거야."

"그것도 그렇게 중요한 문제는 아닌 것 같은데요."

"우리의 기대가 우리에게 성급한 결론을 내리게 하려는 경우에는 중요할 수도 있지. 흄은 변함없는 자연법칙이 있다는 사실을 부인하지는 않았지만, 우리가 자연법칙 자체를 경험할 수 없기 때문에 잘못된 결론을 내릴 수도 있다고 생각했어."

"예를 들면요?"

"내가 검은 말 한 무리를 봤다는 사실이 모든 말이 검다는 의미는 아니지?"

"물론이죠."

"심지어 내가 평생 까만 까마귀들만 봤다고 해도, 그게 하얀 까마귀가 없다는 뜻은 아니야. 그래서 철학자나 과학자에게는 하얀 까마귀의 존재 가능성을 배제하지 않는 것이 중요해. 어쩌면 하얀 까마귀 추적이 과학의 가장 중요한 과제라고 말할 수도 있단다."

"알겠어요."

"다시 원인과 결과의 관계에 대해 알아보자. 많은 사람들은 번개가 천둥의 원인이라고 생각해. 왜냐하면 늘 번개가 친 다음에 천둥소리가 들리니까. 이것은 당구공의 예와 크게 다르지 않아. 그런데 과연 번개가 천둥의 원인일까?"

"아뇨, 그렇지 않아요. 번개와 천둥은 정확히 동시에 일어나요."

"번개와 천둥은 단일한 방전 작용이기 때문이지. 언제나 번개가 친 다음에 천둥을 체험한다고 해도, 그것이 번개가 천둥의 원인이라는 것을 뜻하지는 않아. 실제로는 제3의 요인이 이 둘을 유발하지."

"맞아요."

"20세기의 경험주의자 버트런드 러셀은 좀 더 섬뜩한 예를 들었어. 닭 주인이 뜰을 지나가면 모이가 생긴다는 사실을 날마다 체험한 병아리가 마침내 닭 주인이 뜰을 지나가는 것과 그릇에 든 모이 사이에는 인과관계가 있다는 결론을 내리게 된 거야."

"그러다가 어느 날 모이를 못 얻어먹게 되나요?"

"어느 날 닭 주인이 뜰을 지나와서 닭의 목을 비틀었지."

"끔찍해라!"

"그러니까 시간적으로 뒤따라 생기는 사건들 사이에 꼭 필연적인 인과관계가 있는 것은 아니야. 철학의 가장 중요한 과제는 사람들이 너무 성급하게 결론을 내리지 않도록 경고하는 일이야. 특히 성급한 결론은 여러 가지 미신을 유발하지."

"어떻게요?"

"검은 고양이 한 마리가 거리를 달려가는 걸 보고 나서, 잠시 후 발을 헛디디는 바람에 팔이 부러졌다고 하자. 그렇다고 이 두 사건 사이에 인과관계가 있다고 할 수는 없지. 특히 학문에서 인과관계를 연구할 때는 성급한 결론을 내리지 않는 게 중요해. 많은 사람들이 어떤 약을 먹고 건강해졌다고 해서 그 약이 사람들을 건강하게 만들었다고 할 수는 없어. 사람들에게 그 약이라고 하면서 사실은 밀가루와 물로 모양만 똑같게 만든 약을 먹게 하는 실험을 해볼 수 있어. 이 사람들은 자기도 똑같은 약을 먹는다고 생각했어. 그리고 이 사람들도 건강해진다면 그들을 건강하게 만든 제3의 요인이 있다고 할 수 있지. 예를 들어 이 약의 효과에 대한 믿음 말이야."

"이제 경험주의가 뭔지 조금씩 알 것 같아요."

"흄은 윤리와 도덕에 관해서도 합리주의적 사고에 반대했어. 합리주의자는 정의와 불의를 구별하는 능력이 인간의 이성에 내재한다고 생각했어. 이른바 자연법 사상이라고 하는 이런 생각은 이미 소크라테스에서 로크에 이르기까지 많은 철학자에게서 찾아볼 수 있지. 하지만 흄은 이성이 우리의 말과 행동을 규정한다고 생각하지 않았어."

"그럼 뭐죠?"

"감정이지. 도움이 필요한 사람을 돕도록 자극하는 것은 너의 감정이지 이성이 아니야."

　"제가 전혀 도울 기분이 아니라면요?"

　"모든 것이 다 네 감정에 달려 있어. 도움이 필요한 사람을 돕지 않는 것은 이성적인 것도 아니고 비이성적인 것도 아니지만 몰인정한 일일 수 있어."

　"하지만 그 경계가 어딘가에 꼭 있을 거예요. 다른 사람을 죽이는 것이 옳지 않다는 사실은 모두 알고 있죠."

　"흄은 모든 인간이 다른 사람의 쾌락과 고통을 느낄 수 있는 능력이 있다고 생각했어. 그러니까 우리는 공감하는 능력이 있는 거야. 그렇지만 그건 이성과는 아무 상관이 없지."

　"제가 확실하게 이해했는지 모르겠어요."

　"자신에게 방해되는 인물을 없애는 일이 늘 비이성적인 것만은 아니야. 어떤 목적을 이루려고 할 때 그런 일은 큰 도움이 될 때도 있어."

　"세상에! 전 반대예요!"

　"그러면 왜 방해되는 인물을 죽이지 말아야 하는지 설명해보렴."

　"다른 사람도 저처럼 삶을 사랑하니까요. 그러니까 죽이면 안 되죠."

　"그게 논리적인 증명이라고 생각하니?"

　"모르겠어요."

　"너는 '다른 사람도 삶을 사랑한다.'라는 서술적 명제로부터 '그러므로 그 사람을 죽여서는 안 된다.'라는 규범적 명제를 결론으로 이끌어냈어. 순수하게 논리적으로 판단할 때 그건 잘못된 추론이야. 똑같은 방식으로 많은 사람들이 탈세를 저지른다는 사실에서 나도 탈세해도 된다는 결론을 이끌어낼 수도 있겠지. 그러나 이런 건 모두 부당한 추론이야. 흄은 우리가 어떤 경우에도 사실 판단으로부터 윤리적 판단을 이끌어 낼 수는 없다는 것을 분명히 했어. 그럼에도 불구하고 그런 일이 비일비재하게 일어나지. 특히 신문 기사나 정당의 강령 그리고 국회 연설에서 말이야. 몇 가지 예를 들어볼까?"

"네, 좋아요."

"'점점 더 많은 사람들이 비행기로 여행하고 싶어 하기 때문에 비행장을 더 많이 만들어야 한다.'라고 하면 이 결론이 설득력 있을까?"

"아뇨, 그건 어리석은 생각이에요. 우리는 환경도 생각해야 해요. 제 생각엔 오히려 철도를 더 만들어야 할 것 같아요."

"그럼 이건 어때? '유전 건설이 주민의 생활 수준을 10퍼센트 향상시킬 것이다. 따라서 우리는 가능한 한 빨리 새로운 유전을 개발해야 한다.'"

"그것도 바보 같은 생각이에요. 이 경우에도 우리는 환경을 생각해야 해요. 그리고 우리의 생활 수준은 이미 충분히 높아졌어요."

"종종 이런 소리도 들리지. '이 법안은 국회에서 의결한 것이므로 모든 국민이 지켜야 한다.' 하지만 법을 지키려는 엄격한 준법 정신에 위배되는 일들이 드물지 않게 일어나고 있어."

"알겠어요."

"그래서 우리는 우리가 어떻게 행동해야 할 것인지 이성을 통해 논증할 수 없음을 분명히 알 수 있어. 책임 있는 행동은 이성을 예민하게 갈고닦는 것이 아니라 오히려 타인의 고통과 행복을 같이 느낄 수 있도록 감정을 예민하게 갈고닦아야 가능해지는 거야. '논리적으로만 따진다면 전 세계의 멸망보다 내 손가락의 작은 상처를 더 염려하는 것이 비이성적이어야 할 까닭이 없다.'라고 흄은 주장했지."

"그 무슨 혐오스러운 주장이에요?"

"그보다 더 혐오스러운 일도 있단다. 나치는 유대인들을 수백만 명이
나 학살했어. 네 생각에 이 사람들의 이성과 감정 중에서 어느 쪽이 잘못
된 것 같니?"

"감정이 제일 잘못됐던 것 같아요."

"나치 중 많은 사람이 기가 막히도록 정신이 멀쩡했어. 학살 계획 배
후에는 냉정한 계산이 숨어 있었지. 전쟁이 끝난 뒤에 많은 나치가 처벌
을 받았지만 그 이유는 그들의 행동이 비이성적이었기 때문이 아니라
잔인했기 때문이야. 반면 정신 상태가 비정상적인 사람들은 범죄를 저
지르고도 무죄 판결을 받는 경우가 있는데, 그건 그들이 '그 순간에 판단
능력이 없었고', '앞으로도 영원히 판단 능력을 갖지 못할' 거라고 생각
했기 때문이야. 반대로 어떤 범죄자도 감정이 메말랐다는 이유로 무죄
판결을 받지는 않아."

"다행이네요."

"이렇게 끔찍한 예를 더 들려줄 필요는 없겠지. 홍수가 나고 전염병이
만연해서 많은 이재민이 생겼을 때, 그 사람들을 도와줄지 말지는 우리
의 감정이 정하는 거야. 그 결정을 무정하게도 '냉정한 이성'에 맡겨버
리면, 모르는 척하고 넘어가는 게 인구 급증으로 생기는 많은 문제를 해
결하는 데 도움이 된다고 생각할 수도 있지."

"누군가 그렇게 생각하면 정말 화가 날 것 같아요."

"그리고 그때 화를 내는 것은 너의 이성이 아니란다."

"알겠어요, 선생님."

버클리

…… 불타는 태양 주위를 도는 행성처럼 ……

크녹스 선생님은 창가로 걸어갔고, 소피도 그 옆에 나란히 섰다. 잠시 후에 그들은 작은 경비행기 하나가 지붕들 위로 떠오르는 것을 보았다. 경비행기에서 긴 깃발이 나부꼈다.

소피는 큰 연주회를 알리는 플래카드일 거라고 생각했다. 그러나 경비행기가 가까이 접근해 왔을 때 전혀 뜻밖의 글이 보였다.

'열다섯 번째 생일을 진심으로 축하해, 힐데야!'

"뻔뻔하군."

크녹스 선생님의 유일한 반응이었다.

남쪽의 구릉 지대에서 도시 쪽으로 먹구름이 몰려왔다. 경비행기는 그 먹구름 속으로 사라져버렸다.

"날씨가 사나워질 것 같구나."

선생님이 말했다.

"그러면 저는 집에 버스를 타고 가야겠군요."

"그 소령이란 자가 이 사나운 날씨의 주범이 아니기를."

"그는 전능하지 않나요?"

선생님은 잠자코 탁자로 돌아와 다시 의자에 앉았다.

"버클리에 관해서 좀 더 얘기할게."

선생님이 입을 열었다.

소피는 이미 자리에 앉아서 자기도 모르게 손톱을 물어뜯고 있었다.

"조지 버클리는 1685년부터 1753년까지 살았던 아일랜드의 주교야."

이렇게 이야기를 시작한 선생님은 오랫동안 말이 없었다.

"버클리는 아일랜드의 주교였군요……."

소피가 되풀이했다.

"철학자이기도 했지……."

"그래요?"

"그는 동시대의 철학과 과학이 기독교적 세계관을 위협한다고 생각했어. 무엇보다도 더욱 철저해진 유물론이 하느님이 만물을 창조하고 삶을 지켜 준다는 기독교적 교리를 위협한다고 생각했지……."

"그래요?"

"버클리는 동시에 가장 철저한 경험주의자였어."

"그는 우리가 세계에 대해 감각하는 것 이상은 알지 못한다고 생각했나요?"

"그뿐이 아니야. 버클리는 세계의 사물들은 우리가 감각하는 그대로 존재하지만 그건 사실 '사물'이 아니라고 말했지."

"좀 더 자세히 설명해주세요."

"로크는 사물의 '제2성질'에 관해 아무것도 말할 수 없다고 했어. 우리는 사과가 녹색이고 신맛이라고 주장할 수 없어. 그건 단지 우리가 사과를 그렇게 감각하는 것일 뿐이니까. 그러나 로크는 밀도나 무게, 질량 따위의 사물의 '제1성질'은 우리 주위의 외적 존재에 실제로 속한다고 했어. 그러니까 이 외적 존재는 물리적 '실체'인 셈이야."

"기억나요. 로크에겐 중요한 구분이었죠."

"그게 그렇게 단순한 건 아니야."

"계속 말씀해주세요."

"로크는 데카르트와 스피노자처럼 물질세계를 하나의 현실적 대상으로 생각했어."

"그래요?"

"버클리는 바로 그 점을 의심했던 거야. 문제의 답을 얻기 위해 경험주의에 손을 뻗었지. 그에게 존재하는 것은 오직 우리가 감각하는 것뿐이었어. 하지만 우리는 '물질' 또는 '실체'를 감각하는 게 아니란다. 우리는 사물을 손에 잡을 수 있는 '사물'로 감각하는 게 아니야. 우리가 만약 감각하는 것의 이면에 어떤 '실체'가 있다고 전제하는 건 너무 성급한 결론이야. 우리는 그런 주장에 대해 경험에 근거한 증거를 내세울 수가 없어."

"엉터리! 이것 보세요!"

소피는 주먹으로 탁자를 쾅 내리쳤다.

"아야!"

소피는 탁자를 너무 세게 쳤기 때문에 비명을 질렀다.

"이것이 바로 이 탁자가 진짜 탁자이고 물질 또는 실체라는 분명한 증거가 아닌가요?"

"너는 뭘 느꼈니?"

"딱딱하다는 거요."

"너는 딱딱하다는 걸 감각적으로 확실히 느꼈지만 탁자의 실체를 감각하지는 못했어. 마찬가지로 너는 뭔가 딱딱한 것에 부딪치는 꿈을 꿀 수도 있지만 네 꿈속에는 딱딱한 게 아무것도 없잖아?"

"물론 꿈속에는 없죠."

"그 밖에도 한 인간에게 가능한 모든 것을 '감각한다'고 믿게 만들 수도 있어. 인간은 최면술에 걸렸을 때 더위와 추위를 느낄 수 있고, 부드러운 포옹과 센 주먹질도 느낄 수 있어."

"하지만 그 딱딱한 게 탁자 자체가 아니라면 뭐가 절 그렇게 느끼게 한 건가요?"

"버클리는 그것을 의지 또는 정신이라고 생각했어. 또한 그는 우리의 모든 관념의 원인이 우리의 의식 밖에 있는 것이기는 하지만 이 원인은 물질적인 것이 아니라 어떤 정신적인 거라고 생각했지."

소피는 다시 손톱을 물어뜯었다. 선생님은 계속 말을 이었다.

"버클리에 따르면 내 영혼이 내 관념의 원인일 수도 있어. 내가 꿈을 꿀 때처럼 말이야. 하지만 어떤 다른 의지와 정신만이 우리 물질세계를 이루는 관념의 원인이 될 수 있지. 모든 것은 정신에서 유래해. 곧 '정신은 만물 속에서 모든 것에 작용하고, 모든 것은 정신을 통해 존재한다'고 생각했지."

"그럼 정신이란 무엇인가요?"

"버클리는 신을 염두에 두고 말했어. 심지어 우리가 신의 존재를 인간의 존재보다도 더 확실하게 느낄 수 있다고까지 했지."

"우리 존재도 확실하지 않은 건가요?"

"글쎄……. 버클리에 따르면 우리가 보고 느끼는 모든 것이 신의 작용이야. 신은 우리의 의식 속에 있으면서 우리가 경험하고 의식하는 모든 관념과 감각을 의식 속에 불러일으키지. 우리 주위의 전체 자연과 우리의 존재는 신에 의존하는 거야. 신이야말로 존재하는 만물의 유일한 원인이지."

"당황스럽네요."

"그러니까 문제는 '존재하느냐 아니냐'가 아니라 '우리가 무엇이냐'는 거야. 살과 피로 된 육체가 인간의 실체일까? 우리 세계는 실제의 사물로 이루어져 있을까? 아니면 우리는 단지 의식에 둘러싸여 있는 걸까?"

소피는 또 손톱을 물어뜯기 시작했다. 선생님은 말을 이었다.

"버클리는 물질적 현실에만 의심을 품은 게 아니라 시간과 공간이 절대적이고 독립적인 존재라는 말도 의심했어. 시간과 공간에 대한 우리의 체험 역시 우리 의식 속에서 일어나는 것일 수도 있으니까. 우리가 체험하는 1~2주가 신에게는 그 정도의 시간이 아닐 수도 있어."

"버클리가 말하는 만물의 근거인 정신이란 기독교의 신이라고 말씀하셨죠."

"그래. 하지만 우리에게는……."

"네?"

"우리에게는 모든 것을 실행하는 이 의지나 정신이 힐데의 아빠일 수도 있지."

입을 다문 소피의 얼굴에 커다란 물음표가 떠올랐다. 순간 소피에게 어떤 생각이 스쳤다.

"그렇게 생각하세요?"

"다른 가능성이 보이지 않는구나. 그게 아마 우리가 지금까지 체험한 모든 것을 설명해줄 유일한 방법인 것 같아. 온갖 장소에 뿌려진 여러 장의 엽서와 쪽지를 생각해봐도 그렇고. 또 헤르메스가 갑자기 말을 하고, 내 의지와는 상관없이 내가 헛소리를 하고⋯⋯."

"저는⋯⋯."

"내가 너를 소피라고 불렀다고 생각해봐, 힐데야. 나는 네 이름이 소피가 아니라는 걸 알고 있었어."

"무슨 말씀을 하시는 거예요? 정신 나간 사람 같아요!"

"그래. 모든 것은 돌고 돌지. 불타는 태양 주위를 도는 행성처럼 말이야."

"그 태양이 힐데의 아빠인가요?"

"그렇게 말할 수도 있지."

"그가 우리에게는 일종의 신이라는 말씀이세요?"

"그래, 흥분하지 마. 하지만 그는 부끄러운 줄 알아야 해!"

"힐데는 누구죠?"

"그 아이는 천사야."

"천사요?"

"힐데는 그 '정신'이 지향하는 천사야."

"알베르트 크나그라는 사람이 힐데에게 우리 얘기를 했다고 생각하세요?"

"아니면 그 사람이 우리 얘기를 글로 썼을지도 모르지. 왜냐하면 우리는 우리의 존재를 이루는 질료를 감각하지는 못하니까. 우리는 줄곧 그렇게 배워왔어. 우리의 외적 현실이 음파로 이루어졌는지, 아니면 종이와 글씨로 이루어졌는지도 모르고 있어. 버클리에 따르면, 우리는 단지 우리가 정신으로 이루어졌다는 것만 알고 있지."

"그리고 힐데는 천사고요……."

"암, 천사지. 오늘은 여기까지 하자. 진심으로 생일 축하해, 힐데야!"

갑자기 푸르스름한 빛이 방 안을 가득 채웠다. 몇 초 후에 그들은 무서운 천둥소리를 들었고, 집이 크게 흔들렸다.

크녹스 선생님은 얼빠진 눈빛으로 마냥 앉아 있었다.

"집에 가야겠어요."

소피는 이렇게 말하면서 벌떡 일어나 현관으로 달려갔다. 문을 열자 옷장 뒤에 잠들어 있던 헤르메스가 깨어났다. 소피가 밖으로 나가자 이렇게 말하는 것 같았다.

"잘 가, 힐데야!"

소피는 계단을 부랴부랴 내려가서 거리로 달려 나갔다. 사람이라곤 아무도 없고, 장대 같은 비가 쏟아지고 있었다.

자동차 두 대가 물을 튀기며 아스팔트 위를 달리고 있었다. 버스는 한 대도 안 보였다. 소피는 광장을 거치고 시내를 지나 계속 달렸다. 뛰는 동안에 소피의 머릿속에는 오직 한 가지 생각이 맴돌았다.

내일이 내 생일인데 열다섯 번째 생일 전날에 삶이 꿈에 지나지 않는다는 사실을 알게 되는 건 너무 비참한 일이 아닌가? 100만 크로네를 벌어서 좋아하다가 꿈에서 깨어나면 얼마나 허무할까?

소피는 젖은 운동장을 가로질러 뛰어갔다. 맞은편에서 뛰어오는 사람이 보였다. 엄마다. 성난 번개가 하늘을 찢고 있었다.

엄마는 소피를 껴안았다.

"이게 무슨 일이니, 애야?"

"저도 모르겠어요."

소피는 울음을 터뜨렸다.

"악몽 같아요."

비에르켈리

힐데 묄레르 크나그는 릴레산에 있는 오래된 '선장의 별장' 다락방에서 잠이 깼다. 시계가 6시를 가리켰지만 벌써 주위가 환하다. 넉넉한 아침 햇살이 온 방을 가득 채웠다.

힐데는 창가로 걸어가면서 책상 위에서 탁상 일력 한 장을 찢었다. 1990년 6월 14일 목요일. 힐데는 뜯어낸 일력을 구겨서 쓰레기통에 던졌다.

'1990년 6월 15일 금요일.' 이제 일력에는 이렇게 적혀 있다. 힐데에게 그 숫자가 빛을 내며 다가왔다. 이미 1월부터 힐데는 일력의 이 날짜에 '열다섯 살'이라고 적어놓았다. 그리고 15일에 열다섯 번째 생일을 맞는 것은 아주 특별한 인상을 줄 거라고 생각했다. 이런 체험은 평생 다시는 없을 것이다.

열다섯 살! 힐데가 '어른'으로서 맞는 첫날이 아닌가? 힐데는 다시 잠들기가 어려웠다. 게다가 오늘은 방학 전 마지막 수업이 있는 날이다. 오늘은 1시에 교회만 가면 된다. 하지만 그게 전부가 아니다. 1주일 뒤에 드디어 레바논에서 아빠가 돌아온다. 아빠는 성 세례 요한 축일에 오겠다고 약속했다.

힐데는 창가로 가서 정원과 작은 선창, 배 창고를 바라보았다. 여름철 돛단배는 아직 안 보이지만 낡은 노 젓는 조각배가 선창에 묶여 있다. 비가 많이 오고 나면 힐데는 조각배에 고인 물을 퍼내야 한다.

작은 책을 자세히 읽는 동안, 힐데는 문득 예닐곱살 때 조각배 속에 기어 들어가 혼자서 노를 젓다가 물에 빠져 겨우 뭍으로 기어오른 일이 떠올랐다. 빽빽한 숲 사이를 기어서 앞뜰에 다다르자 엄마가 허겁지겁 달려 나왔다. 엄마는 배와 노가 저 멀리 피오르 위로 떠가는 것을 보았던 것이다. 지금도 힐데는 가끔 혼자 저편으로 떠내려가는 버려진 조각배 꿈을 꾼다. 그건 기억조차 하기 싫은 끔찍한 경험이었다.

정원은 특별히 울창하지도, 잘 손질되어 있지도 않았다. 하지만 정원은 컸고, 힐데의 것이었다. 바람에 시달리는 사과나무 한 그루와 더 이상 열매를 맺지 않는 까치밥나무 몇 그루는 간신히 겨울의 모진 폭풍을 이겨냈다.

바위와 덤불 사이 작은 잔디밭에는 낡은 그네가 있다. 그네는 눈부신 아침 햇살을 받아 몹시 외로워 보인다. 방석이 벗겨져 있어서 더 초라해 보인다. 아마 비바람을 피해 어제 저녁 힐데 엄마가 집 안에 들여놓은 모양이다.

정원 전체는 자작나무로 둘러싸여 있다. 자작나무 덕분에 아주 심한 폭풍에서 조금이나마 보호를 받았다. 이 나무들 때문에 이 땅은 100여 년 전에 비에르켈리라는 이름을 얻었다. 힐데의 증조할아버지는 19세기가 끝날 무렵에 이 집을 지었다. 증조할아버지가 큰 범선의 선장이었기 때문에 아직까지도 많은 사람들이 이 집을 '선장의 별장'이라고 부른다.

정원은 비가 심하게 내린 간밤의 흔적이 남아 있다. 힐데는 천둥 소리 때문에 여러 번 잠을 깼다. 이제 하늘에는 구름 한 점 보이지 않는다. 지난 여름에는 너무 덥고 건조해서 자작나무 잎에 보기 싫은 노란 얼룩이 생겼다. 그러나 지금은 세상이 방금 씻은 것처럼 생생하다. 게다가 오늘 아침은 힐데의 어린 시절 전부가 천둥과 함께 사라져버린 것 같기도 하다.

'그렇다, 꽃봉오리가 피어나니 마음은 괴롭구나……'

스웨덴의 한 시인이 이렇게 노래하지 않았던가. 아니, 핀란드 사람이었나?

힐데는 증조할머니 때부터 서랍장 위에 걸려 있는 커다란 청동 거울 앞으로 다가갔다.

힐데는 예쁜가? 그래도 못생긴 편은 아니겠지? 대충 둘 사이 중간쯤 인 것 같다…….

힐데의 머리카락은 긴 금발이다. 힐데는 자신의 머리가 더 밝거나 더 어두운 색이기를 바랐다. 지금 머리는 너무 평범해 보였다. 물론 힐데는 자신의 부드러운 곱슬머리가 좋았다. 친구들은 머리를 구불거리게 만들려고 온갖 애를 썼지만 힐데는 그럴 필요가 없었다. 또 자신의 녹색 눈도 긍정적으로 생각했다. 힐데의 고모와 삼촌들은 "네 눈이 진짜 녹색이니?" 하며 허리를 굽혀 힐데의 눈을 들여다보곤 했다.

유심히 거울을 바라보던 힐데는 거울에 비친 얼굴이 소녀의 모습인지 젊은 여자의 모습인지 생각해보았다. 그리고 둘 중 어느 쪽도 아니라는 결론을 내렸다. 몸은 이미 어른과 비슷했지만 얼굴은 아직 풋사과 같다.

이 오래된 거울에는 언제나 아빠를 생각나게 하는 것이 있다. 예전에 이 거울은 아래층에 있는 '아틀리에'에 걸려 있었다. 그 아틀리에는 배를 넣어 두는 창고 위에 있는데 아버지는 그곳을 서재, 밀실, 집필실로 쓰고 있었다. 알베르트는(힐데는 집에 있을 때 아빠를 알베르트라고 불렀다.) 늘 대작을 쓰려는 꿈을 갖고 있었다. 한번은 장편소설을 쓰려고 시도했지만 아직 미완성인 채로 남아 있다. 섬 생활에 대한 시와 단편들은 주기적으로 꽤 자주 지방 신문에 실렸다. 힐데는 알베르트 크나그(ALBERT KNAG)라고 인쇄된 아빠의 이름을 볼 때마다 자랑스러웠다. 릴레산에서 이 이름은 어떻든 특별한 의미가 있다. 증조할아버지의 이름도 알베르트였고.

아, 거울. 오래전에 아빠는 이런 농담을 했다. 원래 거울 속에 비친 자신에게 윙크는 할 수 있지만 두 눈을 동시에 깜빡이는 건 거울로 볼 수 없다. 하지만 이 청동 거울은 예외인데, 그건 이 거울이 증조할머니가 결혼식 직후에 한 집시 여인에게서 산 오래된 요술 거울이기 때문이라는 것이다.

힐데는 몇 년 동안이나 계속 이 거울 앞에 서서 눈을 깜빡거려봤지만, 동시에 두 눈으로 윙크하는 일은 자기 그림자에서 빠져나오는 일만큼이나 어려웠다. 결국 힐데는 이 오래된 가보를 선물로 받았다. 그리고 어린 시절 내내 이 불가능한 일을 계속 시도했다.

힐데가 오늘따라 자꾸 깊은 생각에 잠기는 것은 이상한 일이 아니다. 자기 자신만을 생각하는 것도 이상한 일이 아니다. 열다섯 살…….

이제 힐데는 자신의 침실용 탁자로 시선을 돌렸다. 큰 소포 꾸러미가 하나 놓여 있다. 소포는 예쁜 하늘색 종이와 빨간 비단 끈으로 포장되어 있다. 생일 선물이겠지!

바로 '그 선물'일까? 힐데의 아빠가 보낸, 많은 비밀이 담긴 선물. 아빠는 레바논에서 보낸 많은 엽서를 통해서 계속 묘한 암시를 보냈다. 그러나 아빠는 스스로를 '엄격하게 검열하고' 있었다.

아빠는 이 선물이 자라고 또 자라난다고 편지에 썼다. 그리고 힐데 아빠는 힐데가 곧 알게 될 한 소녀, 모든 엽서의 복사본을 보낸 소녀에 대해 넌지시 귀띔했다. 힐데는 엄마에게 아빠가 말한 편지의 의미를 알아내려고 했지만, 엄마도 아는 바가 없었다.

가장 이상한 건 그 선물을 다른 사람과 나눠 가질 수 있을 거라는 암시였다. 힐데 아빠는 유엔에서 큰 소신을 가지고 일했다. 그는 유엔이 전 세계에 대해 일종의 행정적인 책임이 있다고 생각했다.

'유엔이 언젠가 인류를 하나로 모을 수 있기를!'

그는 그렇게 엽서에 적기도 했다.

힐데는 엄마가 건포도를 넣은 빵과 레모네이드, 노르웨이 국기를 가지고 와 생일 축하 노래를 불러주기 전에 탁자 위에 있는 소포를 풀어도 될까? 물론이다. 그러니까 소포가 저기 놓여 있는 거지.

힐데는 방을 가로질러 가 탁자 위의 소포를 들었다. 무거웠다! 소포엔 카드가 한 장 꽂혀 있다.

'힐데에게, 열다섯 번째 생일을 축하한다. 아빠가'

힐데는 침대에 걸터앉아 조심스럽게 빨간 비단 끈을 풀고 포장지를 벗겼다.

그건 커다란 바인더 공책이었다.

이게 그 선물인가? 그 말 많던 열다섯 번째 생일 선물? 이게 자라고 또 자라서 다른 사람들과 나누어 가질 수 있다는 그 선물인가?

언뜻 보니 타이핑한 종이들이 가득하다. 힐데는 그것이 아빠가 레바논으로 가지고 간 타자기로 쓴 것임을 알아볼 수 있었다.

힐데 아빠가 딸을 위해 이 책을 전부 쓴 걸까?

첫 번째 쪽지에 손으로 크게 쓴 글자가 보인다.

소피의 세계

조금 사이를 두고 다음과 같이 타이핑한 글이 있다.

어두운 땅 위를 비추는 햇살은,
지상의 동족들을 위한 진정한 계몽이다.

— N.F.S. 그룬트비

다음 쪽으로 넘어가니, 그 쪽 맨 위에서 첫 장(章)이 시작되었다. 제목은 '에덴동산'이었다. 힐데는 침대에 편하게 앉아 무릎에 공책을 펼쳐놓고 읽기 시작했다.

소피 아문센은 학교에서 집으로 돌아오는 길에 친구 요룬과 로봇에 대해 이야기했다. 요룬은 사람의 두뇌가 복잡한 컴퓨터 같다고 했지만 소피는 내심 동의하지 않았다. 인간이 기계보다 나아야 하나?

힐데는 계속 읽으면서 곧 다른 모든 것을 잊어버렸다. 오늘이 자기 생일이라는 것조차 잊어버렸다. 하지만 그러면서도 가끔씩 어떤 생각이 머리를 스쳐 지나갔다.

아빠가 장편소설을 쓴 것일까? 쓰려고 했던 소설 원고를 레바논에서 완성한 걸까? 아빠는 그곳에서는 시간이 너무 느리게 간다고 종종 불평하곤 했다.

소피 역시 세계의 역사에 대한 여행을 하고 있다. 틀림없이 그 소녀가 힐데가 알게 될 거라던 바로 그 소녀일 것이다…….

언젠가 이 세계에서 완전히 사라지리라는 느낌이 강하게 차오르자 삶이 얼마나 값지고 귀중한지 명료해지기 시작했다 …… 세계는 어디에서 생겨났을까? …… 어느 순간에는 그 무엇이 무(無)에서 생겨났을 것이다. 하지만 그게 가능했을까? 소피의 이런 상상은 이 세계가 태초부터 존재했다는 생각만큼이나 불가능하지 않을까?

힐데는 계속해서 읽어 내리다가 소피 아문센이 레바논에서 온 그림엽서 한 장을 받았다는 대목을 읽었을 때 너무 놀라 침대에서 벌떡 일어났다. '클뢰베르베이엔 3번지, 소피 아문센 댁의 힐데 묄레르 크나그에게'

사랑하는 힐데에게!

열다섯 번째 생일을 진심으로 축하해. 너를 성장하게 할 멋진 선물을 주고 싶은 아빠의 마음을 이해하지? 이 카드를 소피에게 보내는 걸 이해해주렴. 이게 가장 쉬운 방법이거든. 그럼 안녕.

— 아빠가

이 바보! 힐데는 아빠가 늘 장난이 심하다고 생각했지만, 오늘은 완전히 아빠에게 뒤통수를 얻어맞았다. 아빠는 엽서를 힐데에게 직접 보내는 대신에 선물인 공책 안에 적은 것이다.

불쌍한 소피! 얼마나 어리둥절했을까?

왜 힐데 아빠는 딸의 생일 축하 카드를 소피의 주소로 보냈을까? 세상에 어떤 아빠가 엽서를 잘못된 주소로 보내서 딸이 제때에 생일 축하 인사도 받지 못하게 한담! 왜 그게 가장 쉽다는 걸까? 무엇보다 힐데를 어떻게 찾아내지?

못 찾겠지! 이 불쌍한 소피가 어떻게 힐데를 찾아내겠는가? 힐데는 책장을 넘겨 제2장을 읽기 시작했다. 제목은 '마술사의 모자'. 곧 비밀스러운 인물이 소피에게 쓴 긴 편지가 나왔다. 힐데는 숨을 죽였다.

따라서 우리가 왜 사는지에 대한 관심은 우표 수집처럼 '가벼운' 것은 아니야. 삶에 관한 의문에 흥미를 지닌 사람은 우리가 이 지구라는 행성에서 어떻게 살아야 하느냐는, 이미 오랫동안 토론해온 질문들을 생각하게 되지.

'소피는 힘이 쭉 빠졌다.' 힐데도 마찬가지였다. 힐데의 아빠는 단지 딸의 열다섯 번째 생일을 축하하기 위해 이 책을 쓴 게 아니다. 그 이상으로 아주 이상하고 수수께끼 같은 책을 만들어낸 것이다.

이야기를 간략히 요약해볼게. 흰 토끼를 마술사의 텅 빈 모자에서 꺼내. 그것은 매우 큰 토끼니까 이 마술을 하는 데 수십억 년이 걸리겠지. 모든 인간 아기들은 그 가느다란 털끝에서 태어나. 그래서 아기들은 불가능해 보이는 이 마술에 감탄하지. 하지만 나이를 먹으면, 토끼 가죽 털의 깊숙한 곳으로 기어 들어가 그 안에 머물게 되지.

방금 부드러운 토끼털 속에서 편히 있을 자리를 찾으려 했다는 사실을 느낀 건 소피만이 아니다. 오늘로 힐데는 열다섯 살이 된다. 힐데도 이제 자신이 어느 방향으로 나아가야 할지를 정해야 할 때라고 느꼈다.

힐데는 그리스의 자연철학자들에 대해 읽었다. 힐데는 아빠가 철학에 관심이 있다는 것을 알고 있었다. 아빠는 한 신문에 철학을 교과목으로 지정해야 한다고 썼다. '왜 철학이 필수 과목이 되어야 하는가?' 이것이 그 글의 제목이었다. 아빠는 힐데의 반 학부모들이 모인 저녁 모임에서도 이 이야기를 꺼냈다. 힐데에게는 너무 민망한 일이었다.

시계를 보니 벌써 7시 반이었다. 그러나 다행히도 엄마는 몇 시간이 더 지나야 생일 아침 식사를 들고 힐데의 방으로 올라올 것이다. 왜냐하면 힐데는 지금 소피와 철학 문제로 머리가 꽉 차 있기 때문이다. 힐데는 데모크리토스에 관한 부분을 읽었다. 소피는 제일 먼저 '왜 레고 조각이 세상에서 가장 기발한 장난감일까?' 하는 질문에 대해 생각해보아야 했다. 그리고 나서 소피는 우편함에서 '큰 갈색 편지봉투'를 발견했다.

데모크리토스는 자연에서 관찰할 수 있는 변화란, 사물이 실제로 '변했음'을 뜻하지 않는다는 선배 철학자들의 생각에 동의했어. 따라서 만물은 각각 영원불변하는, 눈으로 보이지 않는 작은 입자로 구성되었을 것이라고 가정했지. 데모크리토스는 이 가장 작은 입자들을 원자라고 불렀단다.

힐데는 소피가 힐데의 빨간 실크 스카프를 침대 밑에서 발견했을 때 너무 놀랐다. 왜 그게 거기에 있었던 거지? 또 그게 어떻게 이렇게 쉽게 이 이야기에 얽혀 들어갈 수 있을까? 분명 어디 다른 곳에 있었을 텐데…….

소크라테스에 관한 부분은 소피가 신문에서 '레바논에 주둔한 노르웨이 유엔 평화 유지군에 관한 몇 줄의 기사'를 읽는 데서 시작되고 있었다. 이건 우리 아빠잖아! 힐데 아빠는 노르웨이 사람들이 유엔군의 평화 유지 활동에 너무 관심이 없다고 생각했다. 아무도 거기에 관심을 가지지 않으니 최소한 소피라도 신경을 써야 했다. 그럼 사람들에게 어느 정도 관심을 끌 수 있을 것이다.

힐데는 소피에게 보내는 철학 선생님의 편지에서 '추신 2'를 읽고 웃음을 터뜨렸다.

빨간 실크 스카프를 발견하거든 잘 보관해줘. 종종 물건이 서로 바뀔 때도 있거든. 특히 학교 같은 장소에서 말이야. 지금 이곳도 철학 학교라고 할 수 있지.

힐데는 계단을 올라오는 발소리를 들었다. 분명 생일 아침 식사를 들고 오는 엄마일 것이다. 엄마가 문을 노크하기 전에 힐데는 벌써 소피가 정원의 비밀 장소에서 알베르토 크녹스 선생님의 비디오를 발견하는 부분을 읽고 있었다.

"오늘은 힐데의 생일이라네, 랄랄라, 힐데의 생일을 축하해주자…….."

엄마는 계단을 반쯤 올라와서부터 노래를 부르기 시작했다.

"랄랄라……."

"들어오세요!"

힐데는 이제 소피에게 직접 아크로폴리스에서 말을 거는 철학 선생님에 관한 부분을 읽어 내려갔다. '잘 다듬은 수염에 파란 베레모'를 쓴 모습이 힐데의 아빠와 거의 똑같았다.

"생일을 진심으로 축하해, 힐데야!"

"음……."

"왜 그러니?"

"거기 그냥 두세요."

"생일 축하를……."

"보시다시피 지금 좀 바빠서요."

"네가 벌써 열다섯 살이 됐구나!"

"아테네에 가본 적 있으세요, 엄마?"

"아니. 왜?"

"옛 신전들이 아직도 거기에 있다는 건 정말 이상한 일이에요. 2,500년이나 됐대요. 그중에 가장 큰 신전은 '동정녀의 집(파르테논)'이라고 부른대요."

"아빠 소포 뜯어봤니?"

"무슨 소포요?"

"나 좀 봐, 힐데야! 너 완전히 정신이 나갔구나!"

힐데는 그 큰 바인더 공책을 무릎에 내려놓았다.

엄마는 침대 위로 허리를 숙였다. 쟁반에는 양초와 빵, 그리고 레모네이드가 담겨 있었다. 하지만 엄마는 손이 두 개뿐이어서 노르웨이 국기는 겨드랑이에 끼고 있었다.

"정말 고마워요, 엄마. 정말 좋은 선물이에요. 하지만 아시죠, 전 정말 시간이 없어요."

"넌 그냥 1시에 교회만 오면 돼."

그제야 힐데는 자기가 어디에 있는지 깨달았다. 엄마는 쟁반을 탁자에 놓았다.

"죄송해요. 여기에 너무 빠져 있었어요."

힐데는 공책을 가리키며 덧붙여 말했다.

"아빠가 보내신 거예요……."

"도대체 뭐라고 써 있길래? 나도 너만큼이나 기대하고 있어. 지난 몇 달 동안 아빠가 제정신으로 하는 말을 들어본 적이 없을 정도야."

무슨 이유에서인지 힐데가 갑자기 머뭇거렸다.

"아, 그냥 역사책이에요."

"역사?"

"네, 역사요. 철학 책이기도 하고요. 그냥 그런 거예요."

"너 내 선물은 안 뜯어볼 거야?"

힐데는 어떤 선물도 차별하지 않기 위해 엄마가 준 선물도 뜯어보았다. 금팔찌였다.

"너무 예뻐요! 정말 고마워요!"

힐데는 벌떡 일어나서 엄마에게 키스했다.

모녀는 잠시 이야기를 나누었다.

"이제 혼자 있게 해주세요."

힐데는 말했다.

"그가 지금 저 아크로폴리스에 있으니까요. 아시겠죠?"

"누구 말이니?"

"글쎄요, 그건 저도 잘 몰라요. 그리고 소피도 모르죠. 그게 바로 문제 예요."

"뭐, 어쨌든 난 사무실에 가봐야 해. 밥 챙겨 먹으렴. 네 옷은 아래층에 있어."

드디어 엄마가 나갔다. 그리고 소피의 철학 선생님은 하던 일을 계속 했다. 선생님은 아크로폴리스 앞 계단을 내려와 아레이오스 파고스 언 덕을 올라갔다가, 잠시 후 아테네의 옛 광장에 나타났다. 힐데는 옛 건물 들이 갑자기 폐허에서 솟아올랐다는 이야기를 읽고 놀라 움찔했다. 유 엔에 가입한 모든 국가들이 아테네의 옛 광장의 모습을 본떠서 광장을 건설해야 한다는 것이 평소 아빠의 생각이었다. 사람들은 여기서 철학 적인 문제와 군비 축소의 가능성을 논의할 수 있을 것이다. 그런 거대한 구상이 인류를 결합시킬 수 있을 거라고 말했다.

"우리는 해저 자원 탐사용 인공 섬과 달 착륙 기구도 만들었잖니?"

그다음 힐데는 플라톤에 대해 읽었다.

"사랑의 날개를 단 영혼은 이제 이데아의 세계에 있는 '고향'으로 날 아가지. 그리고 감옥과도 같은 육체에서 벗어나려 해."

소피는 덤불 울타리를 넘어 헤르메스의 뒤를 쫓아갔지만 눈앞에서 놓쳐버렸다. 소피는 플라톤에 관해 읽은 뒤에 숲 속 깊이 들어가 작은 호 숫가의 빨간 오두막에 도착했다. 그곳에는 비에르켈리 그림이 걸려 있 었다. 그림 설명으로 봐서 힐데의 비에르켈리였다. 그리고 버클리라는 이름을 가진 남자의 그림도 걸려 있었다.

"버클리와 비에르켈리. 이상하지 않아?"

힐데는 공책을 침대에 놓고 책장으로 가서 열네 번째 생일 선물로 받은 세 권짜리 백과사전을 들춰보았다. 버클리…… 여기 있다!

버클리, 조지(Berkeley, George, 1685~1753), 영국의 철학자, 클로인(Cloyne)의 주교. 인간 의식 외부의 물질세계의 존재를 부인. 우리의 감각은 신에게 나온다고 했음. 버클리는 그 밖에도 추상적인 보편 관념에 대한 비판으로 유명함. 대표작『인간 인식의 원리에 관한 논고』(1710)

그런데 이상하다. 힐데는 잠시 멈춰 서서 생각에 잠겼다가 다시 침대로 돌아와 공책을 펼쳤다.

이 두 그림을 건 사람은 어쨌든 힐데의 아빠일 것이다. 이름이 비슷하다는 것 외에 어떤 유사점이 있을까?

그러니까 버클리는 인간 의식 외부의 물질세계를 부인한 철학자다. 사람들은 얼마든지 이상한 주장을 할 수 있지만, 그런 주장을 반박하는 것 역시 언제나 쉬운 일은 아니다. 이 말은 소피의 세계에 딱 들어맞는다. 소피의 '감각'은 정말 힐데의 아빠가 만든 것이다.

계속 읽어나가면 힐데는 더 많은 것을 알게 될 것이다. 힐데는 공책을 보면서 소피가 거울 속에서 두 눈을 깜빡이는 소녀의 모습을 보았다는 이야기를 읽고 피식 웃었다.

돌연 아주 잠깐 동안 거울 속의 소녀가 두 눈을 깜박였다. …… 두 눈을 깜빡여 뭔가를 말하려는 것 같았다.

'소피, 나는 너를 볼 수 있어. 나는 여기 반대편에 있어……'

그곳에서 소피는 작은 초록색 지갑도 발견했다. 돈과 학생증이 들어 있는 지갑을! 그게 어떻게 거기에 있는 것일까?

쓸데없는 소리! 몇 초 동안 힐데는 소피가 정말로 그 지갑을 발견했다고 생각했다. 하지만 그 후에 힐데는 책 속의 모든 일들을 소피의 눈으로 함께 체험해보기로 했다. 분명히 아주 신비롭고 깊이를 알 수 없는 일일 거야.

힐데는 처음으로 소피와 직접 만나서 이야기하고 싶은 열망을 느꼈다. 힐데는 기꺼이 소피와 함께 모든 것이 서로 어떤 관련이 있는지에 대해 이야기를 나누고 싶었다.

하지만 이제 소피는 현장에서 들키기 전에 오두막을 빠져나와야 한다. 호수에는 당연히 조각배가 떠 있다. 아빠는 조각배에 얽힌 그 오래된 이야기를 꼭 여기서 또 힐데에게 상기시켜야 했을까!

힐데는 레모네이드를 한 모금 마시고 게살 샐러드가 든 빵을 한 입 베어 먹으면서, 플라톤의 이데아론을 비판한 '정리 정돈의 사나이' 아리스토텔레스에 대해 읽었다.

아리스토텔레스는 일단 감관 속에 실재하지 않는 것은 의식 속에도 실재하지 않는다고 주장했단다. 하지만 플라톤은 다음과 같이 말했을 거야. 이데아 세계에 먼저 실재하지 않는 것은 자연에 존재하지 않는다고 말이야. 아리스토텔레스는 이런 식으로 플라톤이 사물의 수를 쓸데없이 두 배로 늘렸다고 생각했단다.

힐데는 아리스토텔레스가 '식물계, 동물계, 광물계'라는 놀이를 고안

해냈다는 사실을 처음 알았다.

아리스토텔레스는 한 소녀의 방과 같은 자연을 철저하게 정돈하려고 했단다. 자연 만물이 여러 가지 무리와 작은 무리에 속함을 증명해보려고 했지.

소피는 아리스토텔레스의 여성상에 관해 읽었을 때 놀라면서 당혹스러워했다. 그렇게 유능한 철학자가 그렇게 바보였다니!

소피는 아리스토텔레스의 영감을 받아 자신의 '소녀의 방'을 정리하다가 어질러진 방 안에서 한 달 전에 힐데의 옷장에서 없어진 흰색 양말을 발견했다. 소피는 크녹스 선생님이 보낸 모든 편지를 묶어서 바인더 공책에 넣었다.

"벌써 50쪽이 넘었어."

힐데는 지금 178쪽을 읽고 있지만, 알베르토 크녹스 선생님의 많은 철학 편지 외에 소피의 모든 이야기들을 읽어야 한다.

다음 장의 제목은 '헬레니즘'이다. 이 장에서는 우선 소피가 유엔군 지프차 그림이 있는 엽서 한 장을 발견했다. 6월 15일 자 유엔 평화 유지군의 날짜 도장이 찍혀 있다. 힐데의 아빠가 우편으로 보내는 대신 소피를 통해 힐데에게 보낸 또 하나의 '엽서'다.

사랑하는 힐데야! 열다섯 번째 네 생일을 아직도 축하하고 있겠지. 아니면 벌써 생일이 지난 다음일까? 여하튼 그 선물이 얼마나 오래갈지는 별로 중요하지 않아. 어떤 면에선 네가 평생 동안 그 선물의 덕을 볼 테니까. 하지만 지금은 다시 한 번 네 생일을 축하해. 내가 이 엽서를 소피에게 보내는 이유를 이제는 아마 이해하겠지. 소피가 이 엽서를 너에게 전해주리라 믿어.

추신 : 네가 지갑을 잃어버렸다는 말을 엄마가 해주더구나. 내가 150크로네를 보태줄게. 새 학생증은 분명히 여름방학 전에 학교에서 받게 될 거야.

— 사랑을 보내며, 아빠가

'나쁘지 않네' 힐데는 생각했다. 150크로네를 벌었으니까. 아빠는 분명 직접 만든 선물만으로는 충분하지 않다고 생각했나 보다.

소피의 생일도 6월 15일이다. 그러나 소피의 달력은 여전히 5월을 가리키고 있었다. 힐데의 아빠는 그때 이 장을 썼고 '생일 축하 엽서'도 실제보다 앞선 날짜에 썼던 것이다.

그러는 동안에 불쌍한 소피는 요룬이 기다리고 있는 슈퍼마켓으로 달려갔다.

힐데가 누굴까? 힐데의 아빠는 어떻게 소피가 당연히 힐데를 찾아낼 수 있으리라 생각했을까? 어떤 경우라도 엽서들을 자기 딸에게 직접 보내지 않고 소피에게 보낸 건 쉽게 이해가 되지 않는다.

힐데도 플로티노스에 관한 장을 읽고 있는 동안 허공을 떠다니는 것 같은 느낌이었다.

내 말은 우리가 두 눈으로 볼 수 있는 만물 속에 성스러운 신비가 깃들어 있다는 거야. 한 송이 해바라기나 양귀비꽃에서 신성한 빛이 번쩍이고 나뭇가지에 앉았다 날아가는 한 마리 나비에게서 아니면 어항에서 헤엄쳐 다니는 금붕어에게서 이처럼 헤아리기 어려운 신비를 더욱 더 예감할 수 있어. 그러나 우리는 우리의 영혼 속에서 신에게 가장 가까이 다가갈 수 있어. 우리는 오로지 영혼 속에서 거대한 인생의 비밀과 하나가 될 수 있지. 바로 그거야. 우리는 좀처럼 만나기 어려운 순간에 우리 자신을 이처럼 성스럽고 신비로운 것으로 체험할 수 있단다.

여기까지 읽은 글은 힐데가 이제껏 읽어본 글 중에서 가장 어려운 내용이었다. 하지만 동시에 가장 단순하기도 했다. 모든 것은 하나이며, 이 '하나'는 모든 부분들을 포함하는 신적인 신비로움이다.

이건 사람들이 반드시 믿어야 하는 건 아니라고 생각했다. '그건 그냥 그런 것이다.' 모든 사람은 저마다 마음에 드는 것에 이 '신적'이라는 낱말을 붙일 수 있는 것이다.

힐데는 재빨리 다음 장으로 넘겼다. 소피와 요룬은 5월 17일 밤에 천막을 치고 야영을 하려 했다. 그리고 둘은 소령의 오두막으로 가게 되었다…….

이렇게 뻔뻔한 건 처음 봐! 힐데의 아빠는 여기 작은 오두막 안에서 두 소녀가 힐데가 받을 5월 초에 쓴 모든 우편엽서의 복사본을 찾아내게 했다. 그리고 그 복사본들은 모두 진짜였다. 힐데는 아빠가 보낸 엽서들을 몇 번이고 다시 읽었다. 그리고 한마디 한마디가 무슨 뜻인지 알아챘다.

사랑하는 힐데야! 난 정말 네 생일과 관계된 이 모든 비밀 때문에 가슴이 터질 것만 같아. 그래서 애써 마음을 가다듬고 있어. 하루에도 여러 번 전화를 걸어 모든 것을 털어놓고 싶어지거든. 그런데 점점 심해지는구나. 너도 알다시피 무엇이든 점점 커지는 것은 혼자만 간직하기가 더욱 어려워지잖니.

소피는 알베르토 크녹스 선생님에게 새로운 편지 두 통을 받았다. 그건 유대인과 그리스인, 그리고 이 두 민족의 거대한 문화권에 관한 것이었다. 힐데는 이 광범위한 역사의 조감도가 아주 재미있었다. 학교에서는 이런 것을 전혀 가르쳐주지 않으니까. 소피가 편지를 다 읽었을 때, 힐데의 아빠는 소피에게 예수와 기독교에 관한 전혀 새로운 관점을 제시했다. 괴테에게서 따온 인용구가 마음에 들었다.

지난 3,000년을
설명할 수 없는 이는
하루하루를 어둠 속에서
아무것도 모르는 채 살아가게 되리라.

다음 장은 소피네 부엌 창문에 끼어 있던 한 장의 종이에서 시작했다. 그건 힐데의 생일을 축하하는 인사였다.

사랑하는 힐데야! 네가 이 엽서를 생일 전에 받아 볼 수 있을지 모르겠구나. 그랬으면 좋겠지만, 아니더라도 너무 늦지는 않았으면 좋겠구나. 소피가 흘려보내는 1~2주는 우리와 똑같은 시간이 아니야. 나는 6월 23일에 집에 도착할 거야. 그때 우리 그네에 앉아서 함께 호수를 바라볼 수 있겠지. 우리는 서로 할 얘기가 무척 많을 거야.

그러고 나서 알베르토 크녹스 선생님은 소피에게 전화를 걸었고, 소피는 처음으로 그의 목소리를 들었다.

"꼭 전쟁 이야기처럼 들리는데요?"
"정신적 투쟁이라고 부르는 편이 더 좋겠구나. 우리는 힐데의 주의를 끌어서 그 애 아버지가 릴레산으로 돌아오기 전에, 힐데를 우리 편으로 만들어야 해."

그래서 소피는 중세의 수도사 차림을 한 알베르토 크녹스 선생님을 중세에 건축된 오래된 성모 마리아 교회에서 만나야 했다.

교회 안에서, 아 그렇지! 힐데는 시계를 보았다. 1시 15분. 힐데는 시간을 완전히 잊어버리고 있었다.

힐데가 자기 생일에 교회에 안 가도 그게 그렇게 나쁜 일은 아닐 것이다. 물론 그럼 많은 친구들의 축하 인사는 못 받게 되겠지만 뭐, 축하 인사쯤이야 나중에 받아도 되지.

다시 힐데는 책 속으로 빠져들어 긴 설교를 들어야만 했다. 크녹스 선생님은 별 어려움 없이 설교단에 섰다. 힐데는 힐데가르트가 자신의 환상 속에서 여신 소피아의 모습이 나타났다고 말한 부분에서 다시 백과사전을 집어 들었다. 그러나 이번에는 힐데가르트도 소피아도 찾을 수 없었다. 아주 흔한 일이다. 사전은 항상 여자나 여성적인 것에 대해서는 달의 분화구처럼 침묵할 뿐이다. 어떤 남성 단체가 사전을 검열하고 빼버린 건가?

힐데가르트 폰 빙겐은 전도사, 작가, 의사, 식물학자, 과학자였다. 그밖에도 '중세에 때때로 여성이 남성보다 더 실제적이며, 과학적일 수 있다는 사실을 보여주는 좋은 예'다. 하지만 사전에는 힐데가르트에 관해 단 한마디도 나와 있지 않았다. 정말 부끄러운 일이다!

힐데는 아직 한 번도 신이 '여성적인 면'이나 '모성'을 갖고 있다는 말을 들어본 적이 없다. 그리고 바로 이런 여성적인 면이 소피아인데 이것 역시 사전 편찬자에게는 잉크 1그램의 가치도 없었나 보다.

힐데가 백과사전에서 찾아낸 것 중에서 가장 비슷한 것은 콘스탄티노플에 있는 하기아 소피아 사원이다. '하기아 소피아'는 '성스러운 지혜'라는 뜻이다. 불가리아의 수도와 수많은 왕비들의 이름을 이 '지혜'를 따서 지었지만, 사전에는 이 지혜가 여성적이라는 것에 대해 단 한마디도 나와 있지 않았다. 검열만 없었더라면…….

힐데는 계속 읽다가 소피가 실제로 '나타나리라'는 사실을 알게 되었다. 힐데는 검은 머리 소녀를 눈앞에서 볼 수 있는 시간이 오리라는 걸 믿게 되었다…….

소피는 성 마리아 교회에서 밤을 새우고 집에 돌아와서 숲 속의 오두막에서 가져온 청동 거울 앞으로 다가갔다.

소피는 길게 늘어뜨린 생머리가 가장 잘 어울리는 자신의 까만 머리카락과 함께 창백한 소피 얼굴의 또렷한 윤곽을 보았다. 그런데 소피 얼굴 아래인가 뒤쪽에서 또 다른 얼굴이 유령처럼 어른거리기 시작했다.

거울 속의 이 낯선 소녀는 두 눈을 깜빡였다. 마치 거울 저편에 자기가 있다는 신호를 주려는 것처럼 보였다. 단지 몇 초 사이에 일어난 일이었다. 그러고는 곧 사라져버렸다.

힐데는 자주 거울 앞에서 다른 소녀의 모습을 찾아보려고 했다. 하지만 아빠가 그걸 어떻게 알았을까? 그리고 힐데는 검은 머리 소녀가 나타나기를 기다리지 않았던가. 힐데의 증조할머니는 그 거울을 집시 여인에게서 샀다고 했지…….

힐데는 그 큰 공책을 움켜잡은 손이 떨리고 있음을 느꼈다. 힐데는 소피가 정말로 '저편' 어딘가에 있을 거라고 확신했다.

지금 소피는 힐데와 비에르켈리의 꿈을 꾸고 있다. 힐데는 소피를 볼 수도, 목소리를 들을 수도 없다. 그러다가 소피는 오솔길에서 힐데의 황금 십자가 목걸이를 발견하고 꿈에서 깨어보니 힐데의 이니셜이 새겨진 목걸이 그리고 그 밖의 여러 가지 물건이 침대에 놓여 있었다.

힐데는 곰곰이 생각해보았다. 혹시 내가 정말로 황금 십자가 목걸이를 잃어버린 건 아닐까? 힐데는 서랍장으로 가서 보석 상자를 꺼냈다. 정말 할머니가 세례식 때 주신 황금 십자가 목걸이가 없다!

분명히 덜렁거리다가 잃어버렸을 것이다. 어쨌든 좋아! 그런데 힐데의 아빠는 힐데가 십자가 목걸이를 잃어버린 건 어떻게 알았을까? 힐데 자신도 모르고 있었던 일을?

그리고 하나 더, 소피는 힐데의 아빠가 레바논에서 돌아오는 꿈을 아주 생생하게 꿨지만 정작 그가 돌아올 날은 아직 일주일이나 남았다. 소피가 예지몽을 꾼 것일까? 아빠는 자기가 집에 돌아오면 어떤 식으로든 소피도 여기 있을 거라고 생각한 걸까? 아빠는 힐데가 새로운 친구를 만나게 될 거라고 적었는데……….

유리처럼 맑은, 그러나 아주 짧은 환영 속에서 힐데는 소피가 단순히 종이와 잉크 그 이상의 무엇이라는 것을 깨달았다. 바로 소피의 존재를!

계몽주의

…… 바늘 만들기부터 대포 주조까지 ……

힐데는 르네상스에 관한 부분을 읽기 시작할 때 엄마가 집으로 들어오는 소리를 들었다. 시계를 보니 4시였다.

엄마는 계단을 빠르게 올라와 문을 열었다.

"너 교회에 안 갔니?"

"아뇨, 당연히 갔죠."

"하지만…… 뭘 입고 갔니?"

"지금 이대로요."

"잠옷을 입고 갔다고?"

"음…… 성모 마리아 교회에 갔었어요."

"마리아 교회에?"

"중세에 지어진 낡은 석조 교회예요."

"힐데야!"

힐데는 공책을 무릎에 올려놓고 엄마를 올려다보았다.

"완전히 잊고 있었어요, 엄마. 죄송해요. 이해해주세요. 아주 흥미진진한 걸 읽고 있었거든요."

엄마는 웃을 수밖에 없었다.

"이 책은 사람을 끌어들이는 뭔가가 있어요."

힐데가 덧붙였다.

"그래, 그래. 다시 한 번 진심으로 생일을 축하해."

"아, 제가 아직도 축하 인사를 더 받을 수 있는지 몰랐네요."

"하지만 난 아직⋯⋯. 난 잠깐 눈을 좀 붙이고 나서 파티 음식을 준비해야겠어. 딸기를 사 왔단다."

"전 계속 더 읽을게요."

엄마가 방에서 나가고 힐데는 계속 읽어나갔다. 소피는 헤르메스와 함께 시내를 지났다. 알베르토 크녹스 선생님 댁 계단에서 소피는 또 레바논에서 온 엽서를 발견했다. 그것 역시 6월 15일 자 도장이 찍혀 있었다.

이제야 비로소 힐데는 전체 날짜의 체계를 이해하기 시작했다. 6월 14일 이전 날짜가 찍힌 엽서들은 힐데가 이미 받은 엽서들의 복사본이고, 6월 15일 자로 되어 있는 엽서들은 지금 바인더 공책을 통해 받은 것이다.

사랑하는 힐데야! 이제 소피가 철학 선생님 댁에 발을 들여놓았단다. 그 애는 곧 열다섯 살이 되겠지만 너의 생일은 어제였을 거야. 혹시 오늘인가? 생일이 오늘이라면 이 엽서가 최소한 너무 늦지는 않았으면 좋겠구나. 우리의 시간이 항상 같은 속도로 흐르는 건 아니지만 말이야⋯⋯.

힐데는 알베르토 크녹스 선생님이 소피에게 르네상스와 새로운 과학, 17세기의 합리주의와 영국의 경험론에 대해 설명하는 부분을 읽었다.

힐데는 아빠가 소설 속에 끼워 넣은 새로운 엽서들과 축하 인사가 도착할 때마다 여러 번 움찔했다. 그런 쪽지들이 작문 공책에서 떨어지고, 바나나 껍질 속에서 나타나고, 심지어는 컴퓨터 속에 들어 있기도 했다. 힐데 아빠는 조금도 힘들이지 않고 크녹스 선생님으로 하여금 소피를 힐데로 '잘못 부르도록' 조종했다. 하지만 헤르메스가 "힐데야, 진심으로 생일 축하해!"라고 말하게 한 것이 절정이었다.

힐데는 아빠가 자신을 신이자 하느님에 비유한 사실은 좀 지나치다는 크녹스 선생님의 생각에 동의했다. 하지만 이런 경우에 누구의 편을 들어야 하지? 크녹스 선생님이 아빠를 비난하게 한 사람이 바로 아빠 자신이었음을 알고 나니, 아빠가 자신을 신에 비유한 것도 그리 엉뚱한 일은 아니다. 소피의 세계에서 힐데의 아빠는 전능한 신인 것이다.

크녹스 선생님이 버클리 이야기를 하려고 할 때, 힐데는 소피만큼이나 긴장했다. 도대체 무슨 일이 일어날까? 인간 의식 외부의 물질세계의 존재를 부인한 이 철학자의 차례가 오면 뭔가 아주 특별한 일이 생길 거라는 사실이 이미 오래전부터 예정되어 있었다. 결국 힐데는 백과사전까지 들추어보았다.

얘기는 소피와 크녹스 선생님이 창가에 서서 힐데의 아빠가 보낸 긴 축하 깃발을 매단 경비행기가 날아오고 먹구름이 도시 쪽으로 몰려드는 것을 바라보는 장면에서 시작됐다.

"그러니까 문제는 '존재하느냐 아니냐'가 아니라 '우리가 무엇이냐'는 거야.

살과 피로 된 육체가 인간의 실체일까? 우리 세계는 실제의 사물로 이루어져 있을까? 아니면 우리는 단지 의식에 둘러싸여 있는 걸까?"

소피가 다시 손톱을 물어뜯기 시작한 것도 놀랄 일은 아니지. 힐데에게는 이런 버릇이 없지만, 지금 힐데도 발가락이 근질근질하다.

그리고 나서 어느 날, 크녹스 선생님은 모든 것을 행하는 의지나 정신이 선생님과 소피에게는 힐데의 아빠일 수도 있다고 말했다.

"그가 우리에게는 일종의 신이라는 말씀이세요?"
"그래, 흥분하지 마. 하지만 그는 부끄러운 줄 알아야 해!"
"힐데는 누구죠?"
"그 아이는 천사야."
"천사요?"
"힐데는 그 '정신'이 지향하는 천사야."

그리고 나서 소피는 빗속으로 뛰쳐나갔다. 비에르켈리에도 간밤에 평생에 다시 없을 폭풍우가 휩쓸고 지나갔다. 그럼 그게 소피가 시내로 달려간 지 몇 시간 후의 일이었던 건가?

내일이 내 생일인데 열다섯 번째 생일 전날에 삶이 꿈에 지나지 않는다는 사실을 알게 되는 건 너무 비참한 일이 아닌가? 백만 크로네를 벌어서 좋아하다가 꿈에서 깨어나면 얼마나 허무할까?
소피는 젖은 운동장을 가로질러 뛰어갔다. 맞은 편에서 뛰어오는 사람이 보였다. 엄마다. 성난 번개가 하늘을 찢고 있었다.

엄마는 소피를 껴안았다.

"이게 무슨 일이니, 애야?"

"저도 모르겠어요."

소피는 울음을 터뜨렸다.

"악몽 같아요."

힐데는 눈가가 촉촉하게 젖어드는 것을 느꼈다.

"죽느냐 사느냐, 그것이 문제로다."

힐데는 바인더 공책을 침대 위에 내던지고 벌떡 일어나서 방 안을 이리저리 서성였다. 그러다 마지막에는 청동 거울 앞에 멈추어 섰다. 힐데는 엄마가 밥 먹으라고 부를 때까지 거기 그대로 서 있었다. 문 두드리는 소리가 났을 때, 엄마가 얼마나 오래 문 앞에 서 있었는지 알 수 없었다. 그러나 힐데는 거울 속의 모습이 자신에게 동시에 두 눈을 깜빡였다는 건 확신할 수 있었다.

힐데는 식사를 하면서 생일 축하에 감사하는 표정을 지으려 했지만 사실 마음속으로는 내내 소피와 알베르토 크녹스 선생님을 생각하고 있었다.

힐데의 아빠가 모든 것을 조종한다는 걸 알게 된 지금, 그들은 어떻게 될까? 그들은 알고 있을까? 그들이 뭔가 알고 있다고 생각하는 건 무의미한 일이다. 힐데의 아빠는 마치 그들이 뭔가를 아는 것처럼 생각하게 만들었을 뿐이다. 만일 소피와 철학 선생님이 모든 것이 어떻게 연관되어 있는지를 진짜 '알게' 되면, 그때 그들은 어떤 의미로든 마지막을 맞게 될 것이다.

이런 문제가 자신의 세계에도 그대로 적용된다는 생각을 하자, 힐데는 큰 감자 조각이 목에 걸린 느낌이었다. 인간들은 아무 의심도 없이 자연법칙에 휘말린다. 하지만 철학과 과학 퍼즐의 마지막 조각을 찾아낸 뒤에도 인류의 역사는 계속될까? 아니면 그때 역사는 끝나는 걸까? 한편으로는 사고와 학문, 다른 한편으로는 원시 우림과 온실 효과 사이에 어떤 연관성이 있을까? 그럼 인간의 인식 욕구를 '인류의 원죄'라고 부르는 것도 그다지 어리석은 일이 아니지 않을까?

이 물음은 너무 강렬하고 충격적이어서 힐데는 잊어버리고 싶었다. 아빠의 생일 선물을 계속 읽으면 더 많은 것을 알게 되겠지.

"더 하고 싶은 거 없어?"

엄마가 딸기가 든 젤라토를 먹고 나서 말했다.

"이제 네가 제일 하고 싶은 걸 하자."

"이상하게 들리겠지만 전 그냥 아빠의 선물을 계속 읽고 싶어요."

"하지만 거기에 너무 정신 팔리면 안 돼."

"아니에요. 그런 일은 없을 거예요."

"같이 피자를 굽고, 추리극 「데리크」도 보려고 했는데……."

"네……."

힐데는 갑자기 소피가 자기 엄마와 어떻게 이야기를 나누는지 생각해보았다. 힐데의 아빠는 힐데의 엄마를 모델로 소피의 엄마를 만들어냈다. 안전을 위해 힐데는 우주라는 마술사의 모자 속에서 끄집어낸 흰 토끼에 대해서는 아무 말도 하지 않기도 했다. 어쨌든 오늘만큼은 말하지 않기로……

"아, 그런데……"

힐데가 일어나서 말했다.

"응?"

"황금 십자가 목걸이가 없어졌어요."

힐데의 엄마는 묘한 표정으로 딸을 바라보았다.

"몇 주 전에 오솔길에서 봤어. 분명 거기서 잃어버린 거야, 덜렁아!"

"아빠한테도 말했어요?"

"모르겠네. 아마 얘기했을걸……"

"지금은 어디 있어요?"

"잠깐만."

엄마가 자리에서 일어나 나가고 잠시 후에 힐데는 놀라 외치는 엄마의 목소리를 들었다. 엄마는 다시 거실에 나와 있었다.

"그게 또 없어졌어."

"그럴 줄 알았어요."

힐데는 엄마에게 입 맞추고 다시 다락방으로 올라갔다. 드디어 이제 소피와 알베르토의 이야기를 계속 읽을 수 있게 되었다. 힐데는 침대에 기대어 그 무거운 공책을 무릎 위에 올려놓았다.

소피는 아침에 엄마가 침실로 들어왔을 때 잠에서 깼다. 엄마는 선물을 가득 담은 쟁반을 들고 있었다. 그리고 빈 레모네이드 병에 깃발 하나가 꽂혀 있었다.

"소피야! 진심으로 생일을 축하해."

소피는 눈을 비비며 일어나 어제 있었던 일을 기억해내려고 했다. 하지만 모든 것이 흩어진 퍼즐 조각 같았다. 한 조각은 알베르토 크녹스 선생님, 또 한 조각은 힐데와 소령이다. 또 하나는 버클리, 그리고 또 하나는 비에르켈리다. 그리고 제일 어려운 것은 그 무서운 폭풍우였다. 소피는 거의 신경쇠약증에 걸릴 지경이었다. 엄마는 소피의 몸을 잘 닦아주고 꿀을 탄 뜨거운 우유를 한 잔 마시게 한 다음 침대에 눕혔다. 소피는 바로 잠에 빠졌다.

"제가 아직 살아 있군요."

잠에서 깬 소피가 더듬거리며 말했다.

"그럼. 오늘로 열다섯 살이야."

"진짜요?"

"당연하지. 엄마가 하나뿐인 딸이 언제 태어났는지도 모르겠니? 1975년 6월 15일, 정확하게 1시 반이었어. 내 인생에서 가장 행복한 순간이었지."

"엄마는 그 모든 게 꿈이 아니라는 걸 확신할 수 있어요?"

"꿈이더라도 그건 아름다운 꿈일 거야. 꿈속에서 네가 건포도 빵과 레모네이드를 먹고 생일 선물을 받을 만큼 자랐으니까 말이야."

엄마는 쟁반을 의자 위에 놓고 잠시 방에서 나갔다가 건포도 빵과 레모네이드가 담긴 쟁반을 들고 돌아왔다. 엄마는 그것을 소피의 발치에 내려놓았다.

이제 선물 포장을 뜯으며, 15년 전 출산의 고통을 회상하는 평범한 생일 아침이 시작되었다. 소피는 엄마에게 테니스 라켓을 선물 받았다. 소피는 아직 테니스를 쳐본 적이 없지만 클뢰베르베이엔에서 2분 거리에 테니스장이 있다. 아빠는 소형 텔레비전과 라디오를 선물로 주었다. 텔레비전 화면은 보통 사진 크기였다. 고모와 여러 친척들의 선물도 있었다.

엄마가 말씀하셨다.

"엄마 오늘 나가지 말고 집에 있을까?"

"아니요. 왜요?"

"어제는 네 상태가 정말 안 좋았어. 오늘도 네가 계속 아프면 정신과 의사에게 가봐야 할 것 같아."

"그러지 않으셔도 돼요."

"그냥 폭풍우 때문이었니, 아니면 크녹스 선생님 때문이었니?"

"엄마는 어떻게 생각하세요? 어제는 '이게 무슨 일이니?' 하고 물으셨잖아요."

"나는 네가 시내에서 이상한 사람들을 만나고 다니는 줄 알았어. 내 책임인 것 같구나……."

"제가 틈틈이 철학 공부를 하는 건 누구의 '책임'도 아니에요. 출근하셔도 돼요. 저는 10시까지 학교에 가야 해요. 오늘 성적표를 받고 나면 이제 좀 쉴 수 있어요."

"성적이 어떻게 나올 것 같니?"

"어쨌든 지난번보다는 'A'가 많아졌을 거예요."

엄마가 나가신 지 얼마 안 돼서 전화벨이 울렸다.

"소피 아문센입니다."

"알베르토 크녹스야."

"아……."

"어제 소령이란 자가 폭탄을 아끼지 않고 실컷 썼더구나."

"무슨 말씀인지 모르겠어요."

"폭풍우 말이야, 소피야."

"저는 뭘 믿어야 할지 모르겠어요."

"무지의 자각이야말로 참된 철학자의 첫째 덕목이지. 그렇게 짧은 시간 동안에 그걸 배웠다니 자랑스럽구나!"

"아무것도 실제로 존재하지 않는 것 같아서 두려워요."

"그건 실존적 불안이라고 하는 건데, 새로운 인식으로 넘어가는 과도기적 단계일 뿐이야."

"철학 수업을 좀 쉬어야 할 것 같아요."

"지금 집 뜰에 개구리가 많니?"

소피는 웃지 않을 수 없었다. 크녹스 선생님은 말을 계속했다.

"내 생각엔 계속하는 게 더 좋을 것 같아. 어쨌든 생일을 진심으로 축하해! 성 세례 요한 축일까지는 수업을 마칠 수 있을 거야. 그게 우리의 마지막 희망이지."

"무엇에 대한 희망인가요?"

"기억하지? 이건 그렇게 빨리 끝낼 수 있는 일이 아니야. 무슨 말인지 알겠니? 데카르트 생각나지?"

"나는 생각한다, 고로 나는 존재한다."

"우리 자신의 방법적 회의에 따르면, 우리는 지금 이 순간 그냥 빈손으로 서 있는 거야. 우리는 우리 자신이 생각을 하는지조차 모르고 있어. 어쩌면 우리가 '어떤 존재의 생각 속에서 만들어지고 존재하는' 관념에 지나지 않을 수도 있지. 그리고 우리가 단지 관념에 지나지 않는다는 사실은 우리가 스스로 생각하는 존재라는 것과는 전혀 달라. 그런데 지금 우리는 힐데의 아빠가 우리를 만들어냈다고 가정할 만한 충분한 근거를 가지고 있어. 우리는 힐데의 아버지가 릴레산에 있는 자기 딸의 생일을 축하하기 위한 장난감일 뿐이야. 알겠니?"

"예……."

"하지만 그 안에는 어떤 모순이 숨어 있어. 우리가 고안된 존재들이라면 우리에게는 어떤 것도 생각할 권리도 없을 거야. 그럼 이 전화 통화도 순전히 상상일 뿐이지."

"그러면 우리에게 자유의지라곤 하나도 없고 소령이 우리의 모든 말과 행동을 계획하고 조종하는 거군요. 그래서 우리는 벌거벗겨진 채인 거고요."

"아니야, 너는 너무 단순해."

"설명해보세요!"

"너는 어떤 사람이 우리가 무엇을 꿈꾸는지까지 모두 계획한다고 생각하니? 우리가 하는 모든 일을 힐데의 아빠가 정확히 안다는 건 맞을 수도 있어. 모든 것을 알고 있는 그에게서 벗어나는 건 어쩌면 우리 자신의 그림자로부터 도망치는 것만큼이나 어려운 일일 수도 있지. 그러나 여기서 나는 계획을 하나 세우려 해. 앞으로 일어나게 될 일을 소령이 이미 결정했는지 아닌지 확실하지 않아. 아마 그는 일이 닥친 그 순간에야 결정하겠지. 그런데 바로 그 순간에 우리는 우리의 말과 행동을 우리 스스로가 결정하도록 시도해볼 수 있을 거야. 당연히 그런 시도는 소령의 엄청난 노력에 비교하면 아주 미약한 자극에 지나지 않아. 우리는 개가 말하고, 경비행기가 생일 축하 깃발을 날리고, 바나나에서 축하 메시지가 나오고, 폭풍우가 몰려오는 것 같은 일에 속수무책이기는 해. 하지만 그래도 우리에게 미약하게나마 저항할 힘이 있다는 걸 무시해서는 안 돼."

"어떻게 저항할 수 있죠?"

"소령은 우리의 작은 세계에 대해 모든 것을 알고 있지만, 그게 그가 전능하다는 뜻은 아니야. 어떤 경우든 우리는 그가 전능하지 않다고 생각하면서 우리의 삶을 살도록 노력해야 해."

"무슨 말씀인지 알겠어요."

"우리가 몰래 우리 자신의 힘으로 무언가를 이루어내면, 게다가 그 소령이 밝혀내지 못할 일을 해내면 그건 정말 멋진 마술이 될 거야."

"하지만 우리가 존재하지 않는다면 그게 어떻게 가능하죠?"

"우리가 존재하지 않는다고 누가 그래? 문제는 우리가 존재하느냐 않느냐가 아니라, 우리가 무엇이며 누구냐는 거야. 우리가 단지 소령의 분열된 의식 속의 자극, 그의 의식 속의 관념일 뿐이라는 사실이 밝혀진다 해도, 그것이 우리가 존재한다는 사실 자체를 어쩌지는 못할 거야."

"우리의 자유의지도요?"

"그럴 경우를 연구 중이란다."

"하지만 틀림없이 힐데의 아빠는 선생님이 '그럴 경우를 연구하고 있는' 것도 잘 알고 있을 거예요."

"맞아. 하지만 그는 내 계획은 알지 못해. 나는 아르키메데스의 점을 찾고 있지."

"아르키메데스의 점요?"

"아르키메데스는 헬레니즘 시대의 과학자야. '내게 고정된 점을 하나 다오. 그러면 지구를 움직여 보이마.' 하고 말했지. 우리는 소령의 마음 속에 있는 이 우주에서 빠져나오기 위해 그런 점을 찾아야 해."

"그건 정말 좋은 과제군요."

"그럼. 하지만 우리는 철학 수업을 모두 마쳐야 빠져나올 수 있어. 그때까지 소령은 우리를 꽉 잡고 있을 거야. 그는 내가 너를 수 세기를 지나 지금 시대로 데려오도록 했을 거야. 우리에게는 며칠밖에 남지 않았고, 그럼 그는 중동 어느 지역에서 비행기를 타고 있겠지. 그가 비에르켈리에 도착하기 전에 우리가 그 환상에서 빠져나오지 못하면, 우리는 사라지고 말 거야."

"절 불안하게 하시네요……."

"우선 프랑스 계몽주의에 관해 필요한 부분을 설명할게. 그리고 낭만주의로 넘어가기 전에 칸트 철학의 중요한 특징도 알아야 해. 그리고 바로 헤겔이 우리에게 중요한 도움을 줄 거야. 헤겔을 다루고 나면 격렬하게 헤겔 철학과 결별을 선언한 키르케고르도 그냥 지나칠 수 없지. 우리는 마르크스와 다윈 그리고 프로이트에 관해서도 이야기할 거야. 그 후에 마지막으로 사르트르와 실존주의에 대해 언급하면 우리의 계획은 실행된 거야."

"한 주 안에 공부하기엔 너무 많은데요."

"그러니까 당장 시작해야 해. 지금 올 수 있니?"

"학교에 가야 해요. 조촐하게 파티를 하고 나서 성적표를 주거든요."

"파티는 잊어버려! 우리 자신이 순수한 관념에 지나지 않는다면 레모네이드와 군것질이 즐겁다는 생각도 그냥 상상일 뿐이야."

"하지만 성적표는……."

"소피야, 네가 놀라운 우주 속 수천억의 은하 가운데에서도 한 행성의 작은 깃털 위에 살지, 아니면 고작 의식 속 한 줌의 전자기적 자극으로 남을지는 중요한 문제야. 그런데 이 시점에서 지금 성적표 얘기를 하다니! 부끄러운 줄 알아!"

"죄송해요."

"하지만 내게 오기 전에 학교에 잠깐 들러도 돼. 네가 마지막 수업에 결석을 하면 힐데에게도 나쁜 영향을 줄 수 있겠지. 힐데는 자기 생일에도 학교에 갔을 거야. 어쨌든 그 애는 천사니까."

"그러면 당장 학교에 갈게요."

"소령의 오두막에서 만나자."

"소령의 오두막요?"

"뚝."

힐데는 바인더 공책을 무릎 위에 내려놓았다. 힐데의 아빠는 힐데로 하여금 양심의 가책을 좀 느끼게 했다. 왜냐하면 학기 마지막날 힐데는 학교를 빼먹었기 때문이다. 짓궂은 아빠!

힐데는 잠시 그대로 앉아서 알베르토 크녹스 선생님이 어떤 계획을 꾸미고 있을지 생각해보았다. 바인더 공책의 원고 마지막 쪽을 볼까? 아냐, 그건 일을 그르칠 뿐이야. 힐데는 얼른 남은 것을 순서대로 읽어보고 싶었다.

힐데는 크녹스 선생님이 한 가지 본질적인 면에서는 옳다고 인정했다. 아빠가 크녹스 선생님과 소피에게 일어나는 일을 알고 있다는 것은 사실이다. 하지만 아빠가 이 글을 쓰고 있는 동안에 앞으로 일어날 일을 다 알지는 못했으리라는 것도 분명하다. 아마 무엇인가 너무 빨리 쓰느라고 실수를 했는데, 다 쓰고 나서 한참 뒤에야 알아차렸을 것이다. 그리고 바로 이 '실수' 덕분에 소피와 크녹스 선생님이 약간의 자유를 얻게 된 것이다.

힐데는 다시 소피와 알베르토가 실제로 존재한다는 확실한 느낌을 받았다. 바다의 표면이 고요하다고 해서 깊은 곳에 아무 일도 일어나지 않는다고 말할 수는 없다.

그런데 힐데는 왜 그런 생각을 했지?

어쨌든 표면에서 움직이는 것은 생각이 아니다.

학교에서는 생일을 맞은 학생에게 늘 하듯이 노래를 불러 소피의 생일을 축하해주었다. 오늘따라 같은 반 친구들이 소피의 생일에 조금 더 관심을 갖는 것 같기도 했다. 성적표와 방학 그리고 소피가 가져온 레모네이드 같은 것들로 아이들이 평소보다 더 흥분해 있었으니까.

선생님이 방학을 잘 보내라는 인사를 끝으로 종례를 마치시자 소피는 집을 향해 달렸다. 요룬이 소피를 불렀지만 소피는 집에서 급하게 할 일이 있다고 소리쳤다.

소피는 우체통에서 레바논에서 온 엽서 두 장을 발견했다. 두 엽서에 모두 '열다섯 번째 생일을 축하합니다.'라는 문구가 적혀 있었다. 모두 쉽게 구할 수 있는 생일 축하 카드였다.

카드 하나는 '소피 아문센 양 댁, 힐데 묄레르 크나그' 앞으로 온 것이었고…… 다른 하나는 소피 앞으로 온 것이었다. 그리고 둘 다 유엔 평화유지군, 6월 15일 날짜 도장이 찍혀 있었다.

소피는 먼저 첫 번째 카드를 읽었다.

친애하는 소피 아문센 양! 오늘 네게도 생일을 축하해주고 싶구나. 진심으로 축하한다, 소피야! 네가 여태까지 힐데를 위해 해준 일은 정말 고맙구나.

— 알베르트 크나그 소령 씀

소피는 힐데의 아빠가 마침내 자신에게까지 엽서를 보냈다는 사실을 어떻게 받아들여야 할지 알 수 없었다. 하지만 무언가 깊은 감동이 느껴졌다.

힐데에게 보낸 글은 이랬다.

사랑하는 힐데야!

릴레산이 지금 며칠 몇 시인지 모르겠지만 전에도 말했듯이 그건 그렇게 중요하지 않아. 내가 여기서 보내는 마지막 인사나 끝에서 두 번째 인사가 너무 늦은 건 아니야. 하지만 너도 너무 늦게 일어나지는 마! 알베르토 크녹스가 곧 네게 프랑스 계몽주의 이념에 관해 다음 일곱 관점에서 설명할 거야.

1. 권위에 대한 반발

2. 합리주의

3. 계몽 운동

4. 문화 낙관주의

5. 자연으로 돌아가라!

6. 인본주의적 기독교 사상

7. 인권

소령이 늘 알베르토 크녹스와 힐데를 주시하고 있음은 확실하다.

소피는 문을 열고 들어가 'A'가 꽤 많은 성적표를 부엌 탁자 위에 놓았다. 그리고 나서 울타리를 넘어 숲 속으로 달려갔다.

소피는 작은 호수로 나가 조각배를 타고 노를 저었다. 소피가 소령의 오두막에 도착했을 때, 알베르토 크녹스 선생님은 문턱에 앉아 있다가 자기 옆에 앉으라고 손짓했다.

날씨는 맑았지만 작은 호수에서 차갑고 날카로운 바람이 그들을 향해 불어오고 있었다. 호수는 전날의 폭풍에서 아직 채 벗어나지 못한 것처럼 보였다.

"바로 본론으로 들어가자."

크녹스 선생님이 말했다.

"흄 다음으로 독일의 칸트가 위대한 철학 체계를 구축했어. 하지만 프랑스도 18세기에 많은 중요한 사상가들을 배출했지. 18세기 초반에 유럽 철학의 중심지는 영국이었고, 중반에는 프랑스, 그리고 후반에는 독일이었지."

"서쪽에서 동쪽으로 옮겨 갔다고 해도 되겠군요."

"맞아. 아주 잠깐 동안 프랑스 계몽철학자들의 공통적인 몇 가지 사상을 예로 들게. 여기에는 몽테스키외나 볼테르, 그리고 루소 같은 중요한 이름과 다른 이름도 많이 등장하지. 이에 대해 일곱 가지 관점을 설정했어."

"괴롭게도 저는 그걸 이미 알고 있어요."

소피는 힐데의 아빠에게서 온 엽서를 내밀었다. 철학 선생님은 깊은 한숨을 내쉬었다.

"그렇게까지 하지 않아도 되는데…… 첫 번째 표어는 권위에 대한 반발이지. 프랑스 계몽철학자들 다수가 여러 가지 면에서 고향보다 자유 사상이 발전한 영국을 찾아갔어. 영국의 자연과학자, 특히 뉴턴의 일반 물리학이 그들을 매혹시켰지. 또 영국의 철학, 그중에서도 로크의 정치 철학이 그들에게 큰 영감을 주었단다. 그 후 프랑스 본국에서 계몽주의 자들은 점차 모든 권위에 대항하기 시작했지. 그들은 이제껏 전해 내려 온 진리들을 의심해보는 것이 중요하다고 생각했어. 여기에는 데카르트의 전통이 큰 영향을 미쳤단다."

"데카르트는 모든 것을 근본부터 세워나갔죠."

"맞아. 권위에 대한 반발은 주로 교회, 왕, 귀족에 대한 것이었어. 18세기엔 영국보다 프랑스에서 이러한 권위가 더 막강한 힘을 행사하고 있었지."

"그러고 나서 혁명이 일어났죠."

"그래, 1789년에. 하지만 새로운 사상들은 그보다 먼저 나타났어. 다음 표어는 합리주의야."

"합리주의는 흄과 함께 끝났다고 생각했는데요."

"흄은 1776년에 죽었어. 그의 죽음은 몽테스키외보다 20년 뒤고, 볼테르와 루소가 죽기 불과 2년 전이었지. 두 사람 다 1778년에 죽었으니까. 로크는 철저한 경험주의자는 아니었어. 예를 들면 로크는 신과 어떤 도덕적 규범에 대한 믿음을 인간 이성의 본질적인 구성 요소라고 봤어. 그리고 그건 프랑스 계몽철학의 핵심이란다."

"선생님은 프랑스 사람이 영국 사람보다 늘 조금 더 합리주의적이라고 하셨죠."

"그 차이는 중세까지 거슬러 올라가게 돼. 영국 사람이 '상식'에 관해 이야기하면, 프랑스 사람들은 '명증성(明證性)'에 관해 이야기하지. 영국 사람의 상식은 '건전한 인간 이성'이라고 번역할 수 있고, 프랑스 사람들의 명증성은 '또렷하고 명료함'을 뜻해."

"알겠어요."

"고대 그리스의 소크라테스와 스토아 철학자 같은 인본주의자들처럼 대부분의 계몽철학자는 인간 이성에 관한 확고한 믿음이 있었어. 그게 아주 눈에 띄는 특징이기 때문에 많은 사람들이 프랑스 계몽주의 시대를 간단하게 '합리주의 시대'라고 부르기도 하지. 새로운 자연 과학은 자연이 합리적으로 조직되었다는 사실을 확인해줬어. 이제 계몽철학자에게는 인간의 변치 않는 이성과 일치하는 도덕과 윤리 그리고 종교의 기초를 세우는 과제가 남았지. 그리고 이게 본래적 의미의 계몽사상을 이끌어냈고."

"우리의 세 번째 관점이군요."

"가장 먼저 계몽주의자들은 민중이 '계몽'되어야 한다고 생각했어. 그것은 더 나은 사회의 절대적인 근본 조건이라는 거지. 하지만 민중 사이에는 무지와 미신이 팽배했어. 따라서 교육에 많은 관심이 쏟아졌지. 교육학이 계몽주의 시대에 학문으로 자리 잡은 것도 우연이 아니야."

"그러니까 학제는 중세에, 교육학은 계몽주의 시대에 생긴 거군요."

"그렇게 말할 수 있어. 계몽주의의 전형적인 위대한 산물로는 사전을 꼽을 수 있어. 1751년부터 1772년 사이에 모든 위대한 계몽 철학자들의 기고로 28권으로 간행된 『백과사전』 말이야. 거기에는 이렇게 적혀 있어. '여기에는 모든 것이 있다. 바늘 만들기부터 대포 주조까지.'"

"다음 주제는 문화 낙관주의죠."

"내가 말할 때는 그 엽서를 좀 치워주겠니?"

"죄송해요."

"계몽주의자들은 이성과 지식이 널리 보급되고 나면 인류가 커다란 진보를 이룰 거라고 믿었어. 그건 단지 시간문제고, 비합리성과 무지가 사라지고 계몽된 인간이 출현할 거라고 생각했지. 몇십 년 전까지만 해도 서유럽에서는 지배적인 생각이었어. 그러나 오늘날 우리는 아는 게 많아질수록 세상이 더 좋아지리라는 말을 더 이상 믿을 수 없게 되었어. 그런데 이런 '문명' 비판적인 생각도 프랑스 계몽주의자들에게서 생겨난 거야."

"우리가 그 사람들 말을 들었어야 했는데."

"'자연으로 돌아가라!'가 문명 비판의 구호였어. 하지만 계몽철학자들은 자연을 거의 이성과 같은 것으로 이해했어. 왜냐하면 이성은 교회나 문명과는 반대로 자연이 인간에게 준 것이니까. 또 '원시 종족'들은 문명이 없기 때문에 유럽인들보다 건강하고 행복하다는 사실이 강조되기도 했어. '자연으로 돌아가라!'는 표어는 장 자크 루소에서 비롯되었어. 그는 자연이 선하기 때문에 인간도 '자연 그대로의 상태'에서는 선하다고 했지. 모든 나쁜 요소는 인간을 자연과 멀어지게 만든 문명에 있다는 거야. 그래서 루소는 어린이를 가능한 한 오래도록 순진한 '자연적인' 상태로 놔두려고 했어. 유년기의 독자적인 가치를 인정한 건 계몽주의 시대부터라고 말할 수 있어. 그 전에는 유년기를 단지 어른이 되기 위한 준비 단계로만 여겼지. 하지만 우리는 인간이고, 어린이일 때부터 이미 지상의 삶을 살고 있지."

"저도 그렇게 말하고 싶어요."

"그리고 계몽사상가들은 마침내 '자연 종교'를 세웠단다."

"그건 무슨 뜻인가요?"

"많은 사람들이 종교 역시 인간의 '자연적 이성'과 일치해야 한다고 주장하면서 인본주의적 기독교를 위해 싸웠고, 이것이 목록의 여섯 번째 주제야. 물론 그 시대에도 신을 믿지 않고 무신론을 고수하는 철저한 유물론자들도 있었어. 그러나 대부분의 계몽사상가들은 신이 없는 세상을 상상하는 게 비합리적인 일이라고 생각했지. 그렇게 생각하기엔 세계가 너무 합리적으로 짜여 있다는 거야. 뉴턴도 같은 생각을 주장했단다. 마찬가지로 영혼 불멸에 관한 믿음 역시 이성적인 것이라 여겨졌어. 데카르트처럼 계몽사상가들에게도 인간이 정말 불멸의 영혼을 가지고 있는가 하는 문제는 믿음의 문제라기보다는 이성의 문제였어."

"그건 조금 놀랍네요. 저는 영혼 불멸의 문제가 믿을 수는 있어도 절대 인식할 수는 없는 문제의 전형적인 예라고 생각했거든요."

"너도 18세기 사람은 아니니까. 계몽사상가들은 많은 비합리적인 교의와 신조에서 기독교를 해방시키려 했어. 이 교의와 신조들은 교회 역사를 통해 예수의 소박한 가르침에 덧붙여진 것이지."

"그럼 이해가 가요."

"많은 사람들은 이른바 이신론(理神論)에 빠지기도 했어."

"그건 뭐죠?"

"'이신론'이란 신이 오래전에 세계를 창조했지만 창조한 후에는 이 세계에 나타나지 않았다는 견해야. 이런 식으로 신은 인간에게 오로지 자연법칙을 통해서만 인식할 수 있는 존재가 되었지. 초자연적인 방식으로는 인식할 수 없는 존재, 즉 '철학적 신'을 우리는 이미 아리스토텔레스에게서 만났어. 그에게는 신이 우주 최초의 원인이며, 최초로 우주를 움직인 자였지."

"이제 마지막 하나가 남았어요. 인권요."

"다른 관점과 비교해서 인권은 가장 중요한 문제야. 프랑스 계몽철학은 영국의 계몽철학보다 더 현실적이었다고 할 수 있지."

"프랑스 계몽철학자들은 그들의 철학에서 결론을 이끌어내고 거기에 맞춰 행동했나요?"

"그래, 프랑스의 계몽철학자들은 인간의 사회적 위치에 대한 이론에만 만족하지 않았어. 그들은 그들이 시민의 '자연권'이라고 표현한 것을 위해 싸웠지. 무엇보다 그들은 언론의 자유를 위해 사전 검열에 반대하며 투쟁했어. 종교와 도덕, 정치의 영역에서는 개인에게 자유롭게 생각하고 의견을 표현할 권리를 보장해야 한다고 주장했어. 그 밖에도 그들은 또 노예 해방을 위해 싸웠고, 법을 어긴 사람도 좀 더 인간적으로 대우하도록 노력했지."

"그 모든 생각에 찬성해요."

"1789년에 마침내 프랑스 입법 의회는 '인간과 시민의 권리 선언', 이른바 '인권 선언'을 선포했어. 이 인권 선언은 1814년에 제정된 노르웨이 헌법의 중요한 기초가 되었지."

"하지만 이 권리를 완전히 실현하려면 아직도 많은 사람들이 투쟁해야 할 것 같아요."

"유감스럽게도 그렇지. 계몽주의자들은 모든 인간이 인간으로 태어난 이상 예외 없이 갖는 권리들을 확정하려 했어. 그들은 그런 천부적 권리를 '자연권'으로 이해했어. 지금도 여전히 우리는 '자연법'에 대해 얘기해. 물론 한 나라의 법률은 자연법과 완벽히 일치하지 않을 수도 있지만. 그래서 오늘날에도 우리는 어떤 개인이나 소수 민족이 무법, 부자유, 억압으로부터 자신을 지키기 위해 '자연법'에 호소하는 것을 볼 수 있지."

"여자의 권리는 어땠나요?"

"1789년의 혁명은 모든 시민에게 해당되는 권리들을 선언했지만 정작 시민으로 간주되는 사람은 남자뿐이었어. 하지만 프랑스 혁명 중에 최초의 여성 운동의 예를 볼 수 있어."

"때가 왔던 거군요."

"이미 1787년에 계몽철학자인 콩도르세는 여성의 권리에 대한 글을 발표해 여자에게도 남자와 마찬가지로 자연권이 있음을 인정했어. 1789년 혁명이 시작되자 많은 여자들이 봉건 지배 체제에 대한 투쟁에 적극적으로 참여했지. 예를 들어 왕이 베르사유의 궁전을 떠나게 한 시위를 주도하기도 했어. 파리에는 여러 여성 운동 단체가 생겨났지. 이들은 남자와 동등한 정치적 권리 외에도 여성을 위한 새로운 결혼법을 제정하고, 생활 조건을 개선할 것을 요구했어.

"그래서 그런 권리를 얻었나요?"

"아니. 이후에도 그랬던 것과 마찬가지로 여성 권리의 문제는 혁명과 함께 제기되긴 했지만 새로운 제도가 자리를 잡기도 전에 예전과 같은 남성 지배가 다시 시작됐지."

"늘 그렇죠."

"프랑스 혁명 기간 중에 여성의 권리를 위해 아주 열렬히 투쟁한 여성 가운데 하나가 올랭프 드 구주야. 올랭프 드 구주는 1791년, 그러니까 혁명이 시작된 지 2년 뒤에 『여성 권리 선언』을 출간했어. 프랑스 인권 선언은 여성의 자연권에 대해서는 그리 많은 장을 할애하지 않았거든. 올랭프 드 구주는 여성에게 남성과 똑같은 권리를 줄 것을 요구했지."

"그래서 어떻게 됐어요?"

"1793년에 처형당했어. 그리고 여성은 모든 정치 활동을 금지당했고."

"하! 미쳤군요."

"19세기에야 비로소 여성 운동이 본격적으로 일어났어. 프랑스뿐 아니라 유럽 전체에서 말이야. 그리고 이 운동은 서서히 열매를 맺기 시작했어. 하지만 노르웨이에서는 1913년에 와서야 비로소 여성이 선거권을 얻었지. 그리고 아직도 많은 나라에서 여성은 동등한 권리를 얻기 위해 싸우고 있어."

"저도 함께 싸울 거예요."

알베르토 크녹스 선생님은 작은 호수를 바라보다가 말했다.

"내가 계몽철학에 대해 하려던 말은 다 한 것 같구나."

"'그런 것 같다'는 건 무슨 뜻이에요?"

"더 할 말이 없다는 느낌이 들어."

크녹스 선생님이 말을 이으시는 동안, 갑자기 호수 가운데에서 물 위로 거품이 부글부글 끓어오르더니 잠시 후 거대하고 무시무시한 것이 수면 위로 모습을 드러냈다.

"바다뱀이에요!"

소피가 소리쳤다.

그 어두운 형체는 몇 번 앞뒤로 몸을 움직이더니 다시 가라앉았고, 호

수는 전처럼 고요해졌다.

크녹스 선생님은 몸을 돌리며 말했다.

"안으로 들어가자."

두 사람은 일어나서 오두막 안으로 들어갔다.

소피는 버클리와 비에르켈리 그림 앞으로 다가가서 비에르켈리의 그림을 가리키며 말했다.

"저는 힐데가 이 그림 속 어딘가에 살고 있다고 믿어요."

두 그림 사이에는 수를 놓은 천 하나가 걸려 있었다. 거기에는 '자유, 평등, 박애'라고 적혀 있었다.

소피는 선생님을 향해 몸을 돌렸다.

"선생님이 걸어놓으신 거예요?"

크녹스 선생님은 슬픈 표정을 지으며 고개를 저었다.

소피는 벽난로 위의 선반에서 편지봉투 하나를 발견했다. 거기에는 '힐데와 소피에게'라고 적혀 있었다. 소피는 곧 누가 보낸 편지인지 알아보았다. 소피는 봉투를 뜯고 큰 소리로 편지를 읽었다.

"사랑하는 힐데와 소피야! 소피의 철학 선생님은 유엔의 이념과 원칙의 기초를 이룬 프랑스의 계몽철학이 얼마나 중요한지 강조했을 거야. 200년 전에 '자유, 평등, 박애'라는 이 표어가 프랑스 국민들을 하나로 만들었지. 오늘날 이 말들은 또 전 세계를 하나로 묶어줄 거야. 전과는 달리 오늘날 인류는 하나의 대가족이 되었으니까. 우리의 후손들은 우리의 아이들이고 그 아이들의 아이들이지. 우리는 그들에게 어떤 세계를 물려줘야 할까?"

힐데의 엄마는 추리극 「데리크」가 시작되기 약 10분 전에 피자를 오 븐에 넣고 힐데를 불렀다. 힐데는 오랫동안 글을 읽느라고 녹초가 되었 다. 6시가 되어서야 자리에서 일어났다.

힐데는 남은 저녁 시간을 생일을 축하하는 의미에서 엄마와 보내기 로 했다. 그러나 그 전에 힐데는 백과사전을 찾아봐야 했다.

구주……. 없다. 드 구주? 역시 없다. 올랭프 드 구주? 없다! 사전에는 여성이 정치에 참여했다는 이유로 처형당한 그 여성에 관해서는 한 글 자도 쓰여 있지 않았다. 정말 괘씸한 일이다.

구주라는 여자가 단지 힐데의 아빠가 만들어낸 인물은 아닐 텐데?

힐데는 더 큰 백과사전을 가지러 아래층으로 내려갔다.

"잠깐 뭐 좀 찾아보려고요."

힐데는 어리둥절해하는 엄마에게 설명했다.

힐데는 알파벳 'FORV'에서 'GP'까지 수록된 백과사전을 찾아 자기 방으로 가지고 왔다.

구주, 아, 있다!

구주, 마리 올랭프(Gouges, Marie Olympe, 1748~1793), 프랑스의 여성 작가. 프랑 스 혁명 중에 특히 사회문제에 관한 수많은 책과 일련의 극작품들을 통해 매 우 적극적으로 혁명에 참여함. 몇 안 되는 여권 운동가의 한 사람으로 여성도 남성과 같은 권리를 행사해야 한다고 주장하며 1791년에 『여성 권리 선언』 을 발표했음. 루이 16세를 옹호하고 로베스피에르를 비판했다는 죄목으로 1793년에 처형당함. 〔라쿠르(L. Lacour), 『현대 여성 운동의 기원』(1900)에서〕